지구화와 문화

지구화와 문화

초판 1쇄 인쇄일 2017년 4월 20일 **초판 1쇄 발행일** 2017년 4월 25일

지은이 얀 네데르베인 피테르서 | **옮긴이** 조관연 · 손선애
펴낸이 박재환 | **편집** 유은재 | **관리** 조영란
펴낸곳 에코리브르 | **주소** 서울시 마포구 동교로 15길 34 3층(04003) | **전화** 702-2530 | **팩스** 702-2532
이메일 ecolivres@hanmail.net | **블로그** http://blog.naver.com/ecolivres
출판등록 2001년 5월 7일 제10-2147호
종이 세종페이퍼 | **인쇄 · 제본** 상지사 P&B

ISBN 978-89-6263-158-6 94300
ISBN 978-89-6263-033-6 (세트)

책값은 뒤표지에 있습니다. 잘못된 책은 구입한 곳에서 바꿔드립니다.

부산대학교 한국민족문화연구소
로컬리티 번역총서 L16

Globalization and Culture: Global Mélange | Jan Nederveen Pieterse

지구화와 문화

얀 네데르베인 피테르서 지음 | 조관연 · 손선애 옮김

에코리브르

이 번역 총서는 2007년도 정부(교육과학기술부)의 재원으로 한국연구재단의 지원을 받아 연구되었음(NRF-2007-361-AL0001).

감사의 글

이 책의 여러 장은 이미 학술지나 단행본을 통해 발표되었다. 5장을 다시 게재할 수 있도록 허가해준 세이지 퍼블리케이션스(Sage Publications)에 감사드린다. 여러 장의 내용은 세미나에서 토의를 했으며, 이번 기회에 의견을 개진해준 연구자들에게 감사드린다. 특히 두레 아흐메드(Durre Ahmed), 마이크 페더스톤(Mike Featherstone), 메리언 켐프니(Marian Kempny), 브리짓 코섹(Brigitte Kossek), 코비너 머서(Kobena Mercer), 이블린 니코데무스(Everlyn Nicodemus) 그리고 오쿠다 가즈히코(Kazuhiko Okuda)에게 감사드린다. 문헌 작업을 해준 에민 에이다스(Emin Adas)에게 감사드린다. 만프레트 스테거(Manfred Steger)와 테렐 카버(Terrell Carver)에게는 지구화 시리즈의 첫 권으로 초대해준 데 감사드린다.

첫 장은 베르겐대학교, 로테르담의 에라스무스대학교, 로마의 CERFE 그리고 다른 장소에서 열린 세미나에서 소개했으며, 이탈리아어로 번역되었다. 2장은 〈퓨처스(Furtures)〉(32, no. 5, 2000)에 게재되었다. 목록 작업을 해준 이반 라이트(Ivan Light)에게 감사를 드린다. 3장은 일본 요코하마의 메이지가쿠인대학교, 니가타의 일본국제대학, 오스트리아 빈의 반인종주의 학술회의, 바르샤바의 폴란드과학원, 마스트리히트의 얀반에이크아카데미, 덴마크 오르후스대학교 문화연구센터 그리고 코넬대학교 인문학회(Society for Humanities)에서 발표했다. 이 장은 또한 〈이코노믹스 앤드 폴리티컬 위클리(Economics and Political Weekly)〉(31, no. 23, 1996)에 게재되었으며, 일본과 독일 그리고 러시아어로 번역되었다. 4장은 〈국제 사회학(International Sociology)〉(9, no. 2, 1994)에 게재되었으며, 마이크 페더스톤, 스콧 래시(Scott Lash) 그리고 롤런드 로버트슨(Roland Robertson)이 공동 저술한 〈글로벌 모더니티스(Global Modernities)〉(1995)에도 게재되었다. 이 장은 또한 독일어와 중국어로 번역되어 여러 곳에 실렸다. 5장은 원래 2000년 뉴욕 신사회연구원(New School for Social Research)의 코비너 머서 교수가 조직한 '혼종성에 무슨 일이 일어났는가(Whatever Happens to Hybridity)?'에서 발표하기 위해 작성한 글이다. 처음 글에 대해 의견을 준 알레브 시나(Alev Cinar)에게 감사를 드린다. 이 장은 또 파키스탄 라호르의 국립예술대학교(National College of Arts)에서 논의되었고, 〈문화 이론과 사회(Theory Culture and Society)〉(18, no. 2-3, 2001)에 발표되었으며, 페더스톤과 래시가 공동 저술한 《인식과 차이(Recognition and Difference)》(2002)에도 게재되었다.

네자 알사이야드(Nezar AlSayyad)는 〈하이브리드 어바니즘(Hybrid Urbanism)〉이라는 책을 편집했는데, 혼종을 사람들에게 설득하기 위해서였다. 나는 모든 것이 혼종이라는 가정을 설명하기 위해 이 책을 썼다.

차례

감사의 글 … 5

서문 … 9

1 지구화: 공감과 논란들 …… 17

2 지구화와 인류 통합: 우리 모두는 이주자다 …… 39

3 지구화와 문화: 세 개의 패러다임 …… 67

4 혼종화로서 지구화 …… 97

5 혼종성, 그래서 어찌할 것인가? 반혼종성의 반격과 인정의 수수께끼 …… 137

6 세계적 뒤범벅 …… 181

주 … 189

참고문헌 … 195

옮긴이의 글 … 223

찾아보기 … 227

〈로컬리티 번역총서〉를 펴내며 … 237

서문

지구화와 문화는 상당히 잘 확립된 주제이다. 이 주제는 롤런드 로버트슨의 상당히 면밀한 작업(Roland Robertson, 1992)에서 처음으로 등장했다. 로버트슨은 원래 종교사회학자로서 지구화에 접근했으며 그가 보기에 문화는 근본적인 것이다. 지구화 연구에서 문화는 인류학자들과 여러 사회학자들의 작업에서 또 비교문학과 매체 연구와 문화 연구 부문에서 두드러진다.

매체 연구와 문화 연구에 공통된 주제는 지구적인 문화의 동질화이다. 특히 정치학과 정치 저널리즘의 맥락에서 자주 등장하는 또 다른 주제는 종족정치학(인종 청소와 새로운 민족주의들)과 종교적 근본주의인데, 이것들은 로컬 정체성의 정치와 지구화의 연계뿐 아니라 통합과 단편화의 결합을 시사한다. 결과적으로 많은 문헌이 증가하는 지구적 문화의 (상업화, 소비주의를 좇는) 획일성, 지구적 '레바논화'(Lebanonization: 종교가 부상하고, 정교분리가 약화되면서 종족적·종교적 정체성에 따라 국가가 분열되는 현상—옮긴이), 문화적 단편화의 일종인 문화적 차별화를 진단하는 식으로 양분되고 있다. 문화가 많은 부문들에서 두드러지는데, 때로 또 다른 패러다임이나 문제틀(problematic)을 병합하는 것으로 주목받는 듯하다. 사회학에서 한 가지 트렌드는 지구화를 통해서 근대성 논의를 다시 짚는 것이며, 정치경제학의 한 가지 트렌드는 지구화를 통해 자본주의 논쟁을 다시 짚는 것이다. 지구화의 이력은 (1800년대 이후) 근대성의 이력이나 (1500년대 이후) 근대 자본주의의 이력과 일치한다. 다른 접근법들은 후기자본주의와 문화의 관계에 초점을 맞추고 있다. 근대성과 자본주의 둘 다 상당히 적절한 주제다. 그렇지만 지구화를 논의하는 것이 근대성에 관한 대화를 지속하는 또 하나의 방식이라면, 이 경우 행성적(planetary) 시야에서 추론된 대서양적 대화(Atlantic conversation: 유럽과 북미 사이의 대화—옮긴이)를 수행할 위험이 있다. 지구화의 면모들이 정신적으로 지구적이기를 기대하는 것이 과연 합당한가?

이 책의 변별성은 역사적으로 심층적인 접근을 하면서 세계적 뒤범벅(mélange) 또는 혼종화(hybridization)의 시각을 전개한다는 점이다. 혼종성(hybridity)이란 잘 정립된 동시에 논란이 많은 주제인데, 이 책의 핵심 단어이다. 나는 여러 장에 걸쳐 혼종성을 논의할 것이며, 종합적으로 다루기 위해 노력할 것이다. 나는 혼종성 시각을 전개하는 가운데 지구화를 분석하는 구별되는 입장을 취할 것이다. 역사적으로 심층적인(지리적으로는 광범위한) 입장 말이다. 대부분의 지구화 연구들은 짧은 시간의 프레임에 한정되는 경향을 띤다. 많은 경제학자들은 지구화를 과거 수십 년의 문제로 간주한다. 세계사회포럼〔World Social Forum: 세계경제포럼(World Economic

Forum)에 대항해 매년 열리는 전 세계 NGO 대표들의 모임—옮긴이]과 같은 사회운동에서의 주요 이슈는 신자유주의적 자본주의라서, 지구화에 대한 개입은 신자유주의와의 논쟁을 불러일으킨다. 나도 이런 관심을 공유하지만(몇몇 출판물에서 논의하기도 하지만) 지구화란 훨씬 더 폭넓고 더 깊은 인간적 만남을 언급한다는 점을 발견한다. 이것은 문화와 관련해서 특히 적절하다. 현존하는 이슈들이 긴급하거나 중요한 만큼, 지구화의 현재 양상보다 더 많은 것이 지구화에 있다. 지구화에 관한 심오한 역사적 시각은 여러 인류학자들, 역사학자들, 고생물학자들에 의해 주장되고 있다. 장구한 시야를 택하는 것은 지구화에 대한 우리의 이해에 심오한 결과를 낳게 해준다. 아마도 분과학문에 대한 우리의 선택과 이 분과학문 내부에서 전망과 문제틀에 대한 우리의 선택은 각자의 전기(biography)에 의해 형성될 것이며 실존적 성향을 반영할 것이다. 이것은 나의 경우에도 분명히 해당된다.

나는 주로 사회학, 개발 연구, 정치경제, 간문화적(intercultural) 연구를 해왔지만, 문화인류학자로 훈련받은 사람이다. 당시 암스테르담대학교에서 문화인류학은 '비서구 사회학'과 동일시되었기 때문에 인류학과 사회학의 경계선은 희박했다. 가족 배경도 나의 시야를 또한 형성한다. 나는 네덜란드계 동인도의 식민가정 태생이다. 나의 선조는 1600년대 초에 네덜란드 동인도회사와 함께 귀족 상인 신분으로 자바(Java)에 왔다. 나의 조상은 자바에 남았고, 300년 이상 이 반도는 자바, 포르투갈, 프랑스, 독일, 그 밖의 다른 나라 사람들과 문화들과 혼합된 채로, 인도계-네덜란드

메스티소 문화(tempo doeloe: 인도네시아가 네덜란드 동인도회사의 식민통치를 받았던 1870~1914년 시기에 형성되었다—옮긴이)로 경도되었다. 나의 부계는 1800년대 초 이래 동인도로 거슬러 올라가며 가족은 제2차 세계대전 이후에야 네덜란드로 돌아왔다. 가족이 암스테르담에 도착한 지 11일이 지나서, 나는 태어났고 수세대를 통틀어 자바를 떠나 태어난 유일한 가족 구성원이었다. 따라서 우리는 유라시안이면서 혈연으로나 실존적인 의미에서나 혼종이다. 이것은 선택이나 선호의 문제가 아니라, 단지 상황의 문제일 뿐이다. 나의 연구 분야가 사회과학인 바람에 어쩌다가 가족사가 우연히 성찰의 문제가 된 셈이다. 나의 가족사는 서구의 팽창으로, 식민주의, 대륙 간 이주의 역사로 점철되어 있다. 이것이 알려지고 기록된 유일한 역사이다. 나는 이 역사를 언급하지 않는데, 그것이 특별하지 않고 흔하다고 생각하기 때문이다. 우리는 이런저런 방식으로 모두 이주민이다. 나는 세계의 이주민들과 친화성을 느끼며, 그저 지난 50년 정도가 아니라 수백 년 또는 수천 년 동안 글로벌한 배경에서 인간의 역사를 보려는 경향이 있다. 인류학을 연구하기로 한 나의 선택은 이런 배경을 반영한다. 나의 개인사는 몇몇 대륙 간 이주들을 포함한다. 나는 가나에서 사회학을 가르치고자 서아프리카로 갔고, 당시 세계체제이론을 뜻했던 세계적인 규모의 사회학을 공부하고자 미국으로 갔다. 이후 네덜란드로 가서 어느 국제대학원에서 개발 연구를 가르쳤고, 초국가적 사회학을 연구하고자 미국으로 다시 돌아왔다.

이런 주제들은 이 책의 여러 장들에서 드러나고 있다. 1장은 지구화에 대한 사회과학 분야들의 시각들과, 이 시각들의 광범위한 시간틀들을 논의한다. 2장은 지구화에 대한 심층적인 역사적 접근의 윤곽을 그린다. 2장과 4장에서는 지구화와 근대성을 논의하고, 5장은 세계적 뒤범벅을 장기 지속(longue durée)이라는 축에서 논의한다.

각 장을 간략하게 안내하자면 다음과 같다. 1장은 문헌에 나타나는 지구화에 대한 동의와 논란의 영역들을 제시함으로써 지구화의 일반적인 문제들을 제시한다. 지구화는 합의보다는 논쟁을 더 많이 불러일으키고 있으며, 서로 다른 분과학문들이 지구화의 근본 요소들에 관한 광범위하고 다양한 견해들을 견지한다. 현재 가속화되고 있는 지구화는 생산과 노동에서의 정보화 및 유연화와 함께 떠오르는 권력의 새로운 분배를 가리킨다. 그사이 신자유주의적 지구화는 탈규제, 금융화, 시장화를 추가한다.

2장은 지구화가 인간의 통합을 지향하는 추세를 내포하고 있는지, 또 지구화에 대한 역사적 시각을 발전시키고 있는지를 질문한다. 인간적 통일성을 둘러싼 비전들은 우리 유산의 일부인데, 급격히 심화되고 있는 지구적 불평등과 직면하게 된다. 지구화는 장기적이며, 불균등하고, 역설적인 과정이다. 이는 사회적 협력을 확대하기도 하지만 동시에 불평등을 심화하기도 한다. 이런 시각은 이주와 디아스포라의 관점으로부터 검토될 것이다. 이주와 디아스포라의 역할은 오랫동안 경시되어왔다.

3장은 우리를 지구화와 문화 논란으로 데려간다. 3장에서는 문화적 차이에 대해 기본적으로 서로 다른 세 가지 패러다임을 발견할 수 있다. 즉 차이들은 지속하거나, 점증하는 동질화에 굴복하며, 서로 뒤섞이는 과정에서 새로운 차이들이 만들어진다는 것이다. 그리하여 '문명의 충돌'이라는 시각에 따라, 문화적 차이는 지속되면서 경쟁과 갈등을 발생시킨다고 한다. 두 번째 시각에서는 짧게 '맥도널드화'라고 하는 소비주의의 지구적 획일화에서 보듯, 지구적인 상호 연결성은 문화 수렴의 증가를 초래한다고 본다. 세 번째 입장은 정체성들과 장소들을 횡단하면서 혼종화나 혼합화(mixing) 과정들이 일어나고 있다고 보는 것이다. 이런 접근은 세계적 뒤범벅을 다루는 두 장에서 상술되고 있다.

4장의 주제는 혼종화로서 지구화에 대한 기초적인 논제가 펼쳐진다. 지구화는 통상 동질화 과정이라고 해석되고 있다. 하지만 다중적인 지구화 과정들이 작동 중이라는 점을 고려할 때 과연 그런 해석이 합당한가? 지구화는 또한 종종 근대성과 연관되어 있지만, 이런 서구화 이론이 적용될 수 있는 지역은 적고, 역사도 짧다. 4장은 지구화를 혼종화로 보자는 논의를 펼치는데, 구조적 혼종화나 사회적 협동의 새로운 혼합적인 형태들의 등장, 그리고 문화적 혼종화 또는 트랜스로컬 뒤범벅 문화들의 발전을 살펴본다. 혼종성을 이론화하고 혼종성의 정치를 검토하는 움직임은 흉내 내기(mimicry: 호미 바바는 제국주의 담론의 양면성을 지적하기 위해 '흉내 내기'라는 용어를 만들어냈다. 이는 제국의 가치와 문화와 매너의 모방은 원본에 대한 조롱과 위협을 포함한다는 뜻이다—옮긴이)부터 대항 헤게모니(counterhegemony)에 이르기까지 다양한 혼종성들을 보여준다. 문화에 대한 변별적인 두 가지 개념들이 통용되고 있다. 영토적이고 트랜스로컬적이거나, 내부적이면서 외향적인 서로 변별되는 문화 개념들은 문화적 관계들과 지구화에 대한 다양한 시각을 생산한다. 혼성화는 포스트-혼종성(post-hybridity)을 진척시키는 과정에서 문화 개념의 닫힌 면모와 개방 과정을 언급한다.

5장은 혼종성에 대한 비판들에 반응하는 가운데 혼성화 시각을 더욱 발전시킨다. 반혼종성(anti-hybridity) 주장들에 따르면 혼종성은 진정성이 없으며, '다문화주의의 아류(multiculturalism lite)'이다. 이런 주장들을 검토하는 것은 우리의 시각을 깊이 있게 하고, 미세하게 조정할 기회를 제공한다. 반혼종성 주장에서 빠진 부분은 역사적 깊이이다. 이러한 취급은 **장기 지속**을, **혼종성의** 다중역사적 **층위들**을 다룬다. 그다음에 5장은 경계들의 정치를 다루는데 진짜 문제는 역사 내내 공통된 혼종성이 아니라 경계들과 경계 페티시즘의 사회적 경향성(proclivity)이다. 혼종성은 경계들을 본질화하는 관점에서만 문제가 된다. 혼종성의 의미는 시간뿐만 아니라 문화들에 따라 다르며, 바로 그 점이 **혼종성의 다른 패턴들**을 알려준다. 마지막으로 혼종성의 중요성은 그것이 경계들을 문제 삼도록 한다는 데 있다. 6장은 짧은 종결부로 완결된다.

1

지구화: 공감과 논란들

"지구화"는 역사적 사실이며, 정치적 축구이기도 하다.

–스티븐 툴민(Stephen Toulmin) 1999

프리즘과 마찬가지로 지구화는 현재 집단적인 인간 조건에 대한 주요 논란들을 굴절시키고 있다. 불평등, 권력, 발전, 환경, 문화, 젠더, 정체성, 인구 같은 자본주의가 제기하는 질문들은 모든 것을 "지구화가 빚어내는 경관 속으로" 돌아오게 한다. 깃발과 마찬가지로 지구화라는 단어는 갈등을 촉발한다. 지구화는 정부와 비즈니스, 미디어 그리고 사회운동들의 경계를 가로지르며, 일반인과 학자의 관심을 끌어모으고 있다. 이것은 정치적 도전으로서 이데올로기의 스펙트럼을 가로지르며, 모든 차원에서 사회운동들과 정치운동들에 관여한다. 여기에는 패러다임을 국민국가와 국제

정치 시대로부터 전 지구적 차원의 정치학으로 이동하는 것도 포함된다.

이 장에서는 지구화에 대한 논란을 개괄하는데, 문화와 지구화에 대한 질문들을 더 폭넓은 맥락에 두고, 다른 논란들에서 나온 주요 이슈들도 소개할 것이다. 수십 년 동안 지구화에 대한 논의가 다층적으로 확산되었지만, 동의와 논란의 영역을 분리할 수 있을 만큼 연구가 충분히 진척되었는가? 이런 조감 시각은 주요 논란들에 초점을 맞추고 있다. 각 영역에는 수많은 2차 논란이 있고, 각 논란에는 책 한 권을 할애해야만 한다.

남반구와 북반구의 분석가들과 정치인들은 적어도 지구화에 대한 몇몇 양상에 합의한 바 있다. 지구화는 기술 변화들 때문에 형성되며, 국가의 재구성을 내포하고, 지역화와 궤를 같이하며, 비균질적이라는 점이다. 지구화는 시공간의 압축이라는 점에도 합의에 이르렀는데 이런 인식은 논의를 촉발하기에는 너무 모호하고 일반적이다. 지구화는 더 강화된 상호작용이 이전보다 더 짧은 시간 내에 그리고 넓은 공간에서 일어나는 현상이라는 주장인데, 다른 말로 하면 압축된 세계에서 경험하는 것을 의미한다. 아직 이 견해는 너무 단순하고 평면적일 수 있다. 이것이 무엇을 의미하는지를 두고 많은 논란이 있지만, 지구화와 관련해서 합의와 논란 사이에 선을 긋기가 쉽지 않다. 지구화는 합의보다는 논란을 더 많이 초래하고 있는데, 논란에 비해 동의의 영역은 좁다. 동의와 논란에 대해 표 1.1에 개괄해두었다. 지구화와 문화에 관한 질문들은 다른 장에서 다룰 것이다. 개별 주제들을 추적함으로써 지구화에 대한 내용을 구성할 것이다.

표 1.1 지구화에 관련된 합의와 논란

합의

- 지구화는 기술 변화에 의해 모습이 형성되고 있다.
- 지구화는 국가들의 구조 변화를 포함한다.
- 지구화는 지역화와 함께한다.
- 지구화는 비균질적이다.

논란

- 지구화는 본질적으로 경제적인가 아니면 다층적인가?
- 지구화는 무엇인가?
- 지구화는 최근의 과정인가 아니면 장기적 · 역사적 과정인가?
- 지구화는 존재하는가 아니면 글로벌 헛소리(globaloney)의 수사학인가?
- 지구화는 신자유주의적 자본주의인가?
- 지구화는 관리할 수 있는가?

합의

지구화는 기술 변화에 의해 형성된 것이다. 모든 지구화 에피소드들과 담론을 관통하는 연결선은 점진적인 연결성(connectivity)이다. 정보와 커뮤니케이션 테크놀로지들(ICT)의 붐은 금융, 자본 이동, 그리고 수출 지향적 사업, 국가를 넘어서는 커뮤니케이션, 이주, 여행, 그리고 시민사회의 상호작용 분야에서 지구화 기간시설의 일부를 형성한다.

1980년대 초반 이래로 정보와 마이크로 전자공학 기반의 컴퓨터, 전기통신 기술은 24시간 전자 거래와 같은 **금융 지구화**의 기술적 수단을 제공한다. 이들은 글로벌 생산 정보와 **수요의 지구화**를 위한 조건을 만들고 있다. 글로벌 마케팅과 글로벌 브랜드 상표 홍보를 위해 1950년에는 390억

달러, 1990년에는 2560억 달러가 지출되었는데, 이는 이 기간 무역량의 3배에 달하는 수치이다. 기업 내 또는 기업과 기업의 커뮤니케이션을 위해 만들어진 정보 테크놀로지는 **공급의 지구화**를 가능하게 했다. 제품의 수명 주기가 단축되면서 기업들은 증가하는 연구개발비를 상쇄할 정도로 시장점유율을 확대하라는 압력을 받고 있다. **경쟁의 지구화**와 기업 간 합병, 네트워킹, 인수 합병을 촉진하는데, 이는 글로벌 마케팅에서의 연구개발비 지출과 리스크에 대처하기 위해서이다.

금융, 수요, 공급, 그리고 경쟁의 지구화는 정보가 전 세계적으로 순환하는 일련의 연동 흐름을 만들고 있는데, 이는 생산의 유연성으로 이어지고 있다. 문제가 되는 것은 단순히 국제 교역의 성장과 초국가적 기업들의 역할이 아니다. 생산의 유연성은 새로운 산업 조직 시스템과 일치하는데, 이것은 유연한 특화, 유연한 축적, 효율적 생산 방식, 적시 자본주의 또는 도요타주의 등으로 다양하게 불리고 있다. 표준화된 대량생산에서 유연한 생산 체계로 이동하는 흐름은 종종 포드주의에서 후기포드주의로의 이행이라고 정의된다(Harvey 1989). 이 점은 생산, 노동과 기업 조직, 장소와 마케팅의 더 폭넓은 유동성과 관련되어 있다. 이런 변화들은 주로 선진 경제와 이들의 효과에 적용되지만, 국제적 노동 분업 전반에서 효력을 발휘한다. 1980년대부터 신자유주의로 이행하는 흐름은 경제의 규제 완화와 비공식화라는 결과를 낳고 있다. 이는 더 나아가 신경제, 전자상거래, 그리고 닷컴의 발전과도 관계를 맺고 있다.

이런 점 때문에 지구화가 기술 변화에 의해 추동되고 있다고 종종 해석되기도 한다. 하지만 기술 자체는 사회에서 형성되고 자리 잡기 때문에 기술결정론은 적절하지 않다. 문제가 되는 것은 기술 자체가 아니라 정치, 경제 그리고 사회적 힘들에 의해 조정되는 방식이다. 기술 변화와 이들의 영향 때문에 지구화는 "필연적"이고, "멈출 수" 없다는 인상을 주고 있다. 이들 기저에 깔린 현실은 지구화가 **미시경제적 힘들에 의해 추동되는 거시경제적 현상**이라는 점인데, 이는 기업 차원의 시각이다. 신기술이 제공하는 기회들은 단지 초국가적 기업뿐만 아니라 중소기업들에도 영향을 끼친다. 지구화는 단지 주요 기업들, 국제 기관들, 그리고 정부들뿐만 아니라 소비자와 사회운동들을 포함한 사회적 힘들에 의해서도 추동된다.

지구화는 경제적 경관에서 주요한 변화를 야기하는데, 이는 모두 서로 얽혀 있다. 가속화된 지구화는 비공식화, 유연화, 그리고 규제 완화라는 하나의 묶음으로 나타난다. 이런 묶음의 효과는 지구화와 관련된 변화들의 극적인 특성을 낳는 데 기여한다. 사실상 지구화는 이런 변화들의 약칭으로 사용되고 있다. 무엇인지 정확하게 규정되지는 않았지만, "지구화" 자체가 공간적 과정이고, 전 세계적 규모의 효과이다. 사실 용어 자체가 부적합하지만 지구화는 폭넓은 변화를 상징하는 깃발 또는 대리인으로 복무한다.

지구화는 국가들의 재형상화와 관련되어 있다. 초기 분석가들은 지구화는 국가들의 쇠퇴와 약화로 이어질 것이라고 했다(Strange 1996). 극단적 견해에 의하면 지구화는 국경 없는 세계의 시작(Ohmae 1992), 국민국가의 종말, 그리고 지역 국가들의 형성(Ohmae 1995)을 의미한다. 스티븐 코브린

(Stephen Kobrin)이 지적한 대로 "지구화에 의해 제기된 비판적 쟁점은 시장들이 전자 공간에서 구축될 경우 지리적 관할 구역의 의미가 없어진다는 것이다"(1998: 362). 지구화에 대한 정치적 함의에 대한 일반적인 견해는 국경이 약화되고, 탈국경 및 초영토적 관계들이 성장할 것이라는 점이다(Scholte 2000). 이런 주장들은 현재 국가의 역할과 관련해서 더 미묘한 시각을 보여주고 있다.

지구화에 대한 사회학적 시각들에 의하면, 지구화는 19세기 이래 국민국가의 주도권이 성장하는 식으로 나타난다(Robertson 1992). 국민국가는 1840년부터 1960년까지 전 세계적으로 정치적 조직의 주요한 구성 방식이었다(Harris 1990). 1960년대부터 지역화가 역동적으로 확산되었는데, 유럽연합이 두드러진 사례이다. 국가들을 국제화라고 지칭하는 과정인 국제적, 초국가적 주권의 통합적 형태 때문에 시간이 지나면서 국가들의 권위는 위쪽뿐만 아니라 아래쪽에서도 누수가 일어났다. 만일 아래쪽에서 누수가 통제되지 않을 경우 이는 종족 또는 지역 갈등으로 불리며, 분열과 잠재적 국가 붕괴로 이어진다. 국가의 국제화는 국내와 국제정치 사이의 경계를 모호하게 만든다〔인터메스틱(intermestic: international과 domestic의 합성어—옮긴이) 정치의 생산〕.

현재 벌어지고 있는 지구화에서 국가가 권위를 발휘할 여지는 어디에 있는가? 국가는 단지 지구화의 최종 수용자가 아니라 전략적인 행위자이다(Boyer and Drache 1996, Mann 1997, Weiss 1998). 국가는 의지하기도 하지만 더 적극적으로 나서고, 몇몇 지역에서는 더 강한 책임감을 떠맡고 있다(Griffin and Kahn 1992, Adams et al. 1999). 지구화는 국가가 큰지 작은지, 중앙집중적인지 분산적인지, 선진국인지 개발도상국인지에 따라 다양한 형태로 나타난다. 질문은 국가가 중요한지 아닌지가 아니라 어떤 **종류**의 국가인지에 집중되어야 하며, 이런 이유로 공공 영역의 개혁이 중요하다. 1980년대 신자유주의로의 전환과 경기침체의 여파로 국가의 재정 위기가 도래했고 국가 재정 지출의 삭감으로 이어졌다. 시장의 힘이 성장하면서 정부들은 지역이 아니라 국가 차원에서 외국 자본을 끌어들이려고 했으며, 국가 재정 지출, 사회기반시설 구축과 "장소 마케팅"에서 유사한 전략을 추구하는 경향을 보였는데, 이들은 "적대적인 형제들(hostile brothers)"로 특징지어진다. 국가 구조가 변화하면서(Cerney 1990), 국가들의 형태가 변하고 이들은 점차 국제적인 사안에 더 깊게 연관되어갔다. 국가가 재정 위기에 직면하면서 국가의 토대도 바뀌었다. 국가들의 기능도 변화하면서 이들은 서로 경쟁국이 되었다. 전략 지역이 가지는 연결성과 정보통신 기술의 인프라는 이런 도시들과 지역에 지구화 국면에서 자신의 위치를 성공적으로 구축할 수 있다는 자신감과 영감을 주었으며, 싱가포르, 말레이시아, 방갈로르와 하이데라바드 등의 인도 일부 지역과 도미니카공화국 등은 정보와 통신 인프라가 잘 발달되어 있다는 점을 강조한다. 이런 현상은 "지능형 국가가 되기 위한 경쟁(race to the intelligent state)"이다(Connors 1997).

지구화에 의한 초국가적 시위 효과를 통해 민주화가 촉진되고, 인권의식이 신장하며, 경계를 넘어서서 시민 활동이 활발해지는가, 또는 이런 민주적 경향을 넘어서서 사회적 불평등 때문에 지구화의 경제적 효과들이 확산하는가? 지구화의 이런 일괄 거래 방식은 사회적·정치적 불평등과 직결돼 있으며 민주화로 나아가는 경향과 일치하는데, 그 결과는 불안정하다.

합의가 충분치 않은 이유는 지역, 국가, 초국가 등의 다양한 층위에서 자주권이 이원적 과정에서 재구성되기 때문일 것이다. 이는 통치에서 **다층적 협치**로 그리고 지역에서 지자체, 국가, 초국가적 차원으로 나아가는 추세와 연결되어 있다. 표 1.2는 현재의 지구화와 관련된 정치적 과정의 요약이다.

지구화는 지역화를 동반한다. 만일 1840년에서 1960년 사이 지구화의 주요한 정치적 형태를 든다면 국민국가이지만, 현재 지구화의 주요한 정치적 형태는 재지역화이다. 이는 AFTA와 같은 지역적 관세동맹으로부터 북미자유무역협정(NAFTA), 아시아태평양경제협력체(APEC), 메르코수르(MERCOSUR) 같은 자유시장 지역, 동남아시아국가연합(ASEAN), 북대서양조약기구(NATO), 동남아시아조약기구(SEATO) 같은 안보동맹에서 유럽연합과 같은 긴밀한 제도화 형태에 이르기까지 다양하다(Oman 1994). 이런 사실에 기반한 견해만이 합의에 이를 수 있다.

무엇이 일어나고 있는가, 이에 대한 한 가지 견해에 따르면 이는 지구화가 아니라 지역화이고, 지역적 자유무역이나 투자 지구의 형성이며(Ruigrok and van Tulder 1995), 지역적 신중상주의와 더불어 지역적 무역 블록 형성 또는 "경쟁의 지역화"(Morrison et al. 1991)이다. 일반적 시나리오에

표 1.2 지구화와 국가(20세기 후반부터)

- 국가 권위의 누수, 아래로부터
  - 탈중심화, 또는 분열

  그리고 위로부터
  - 국제적인 공공 부문의 형성
  - 자주권의 통합 – 지역적, 국제적, 초국가적
  - "후기국제주의적 정치들"(비국가적 행위자들의 등장)
- 국가에 기대지만 더 적극적이다. 따라서 공공부문의 개혁이 따라온다.
- 민주화 (인권, 국경을 넘어선 시민 행동주의)

의하면 이럴 것 같지 않다. 왜냐하면 무역과 자본 이동, 기술 및 시장의 상호 의존은 대체로 지역들을 넘어 이동하고 있으며, 만일 세계무역의 큰 몫이 초국가적 기업들 내부와 기업들 사이에서 일어날 경우 이는 논리적으로 당연한 일이기 때문이다.

개발도상국들이 초국가적 기업들 및 국제기구들과 관계를 협상하는 데 있어서 지역 통합의 지위가 강화되는가? 아니면 시장과 자유화 그리고 탈규제 경향이 강화되는가? 어떤 정치적·국제적 조건에서 지역 통합이 발전할 가능성이 있는가라는 질문이 더 적합할 것이다. 각 지역의 대형들은 닻들로 여겨지는데, 주변부들이 이 곁에 포진한다. 동아시아에서는 중국과 일본이 중심이다. 북미는 자체가 중심이고, 라틴아메리카와 카리브해 제도가 주변이다. 또 유럽의 경우 유럽연합이 중심이고 동유럽, 남부 지중해 일대와 아프리카가 주변이다(Stallings 1995). 이것이 지역적 조직에 대한 정치-공간적 시각이다. 시간원근법으로 보면, 지역주의는 다자주의이며, 궁극적으로는 세계적 협치로 나아가는 디딤돌이다(이를테면 Group of

Lisbon 1995).

지구화는 비균질적이다. 국제화나 상호 의존에 대한 예전의 견해들처럼, 지구화는 전 세계를 무대로 한 공정 경쟁이나 대칭적 국제 관계 또는 평등한 국제 관계를 지시하는 것이 아니다. 현재의 지구화는 북미, 유럽, 그리고 동아시아의 삼각관계에 주로 집중되어 있다. 1980~1991년 분포를 보면 수입과 부는 매우 불평등한데, 1992년 세계 인구의 14퍼센트가 전체 투자의 80퍼센트를 그리고 세계무역의 70퍼센트를 지배한다(Hirst and Thompson 1996: 15). 상위 20퍼센트와 하위 20퍼센트 사이의 수입 격차는 1960년 30 대 1에서 1994년 78 대 1로 심화되었다. 전 세계 385명의 십억만장자의 개인 자산은 전 세계 45퍼센트의 사람들이 살고 있는 국가들의 연간 수입보다 많다(UNDP 1999). 이런 상황은 "잘려나간 지구화" 또는 "선택적 지구화"라는 머리기사로 표현되고 있다. "삼각화(Triadization)"로서 지구화라는 아이디어는 유럽과 북미 그리고 일본의 "상호 연결된 경제"로 국한되며, 중국과 동아시아 경제성장을 간과하게 한다.

이런 경향을 보면 지구화에서 "제3세계"가 배제되었다는 생각이 드는데, 주도적 세계가 글로벌 역동성에 의해 수많은 방식으로 영향을 받고 있다는 점은 간과하게 된다. 이런 관계들을 배제하고 기술한다면 이는 너무 단순한 생각이다. 이런 역동성은 비대칭적 포섭 또는 위계적 통합의 관계성에 기반해 기술되고 있다(2장 참조).

지난 십여 년 동안 남반구와 북반구의 발전 격차가 여러 부문에서 벌어졌지만, 선진 경제와 신흥 산업국가의 발전 격차는 좁혀졌다. 하지만 이들 국가와 후진국들의 격차는 더 벌어졌다. 1970년대 후반 이후 사회 내부, 사회와 사회의 불평등은 가파르게 악화되었다(Scutcliffe 2001, Nederveen Pieterse 2002b). 예전의 비균질적 발달이라는 용어를 의역한다면 현재 상황은 혼합되고 비균질적인 지구화라고 할 수 있을 것이다.

논란

지구화에 대한 논란들은 무엇이 지구화인가, 지구화는 얼마나 중요한가와 같은 근원적인 질문에서 지구화의 방향이나 정치에 관한 질문에 이르기까지 여러 문제를 포괄한다. 근원적인 것에 대한 논란은 일상적인 지구화 정치와 얽혀 있다.

지구화는 다차원적인가? 지구화는 복합적이고 다차원적 과정이라는 생각은 널리 확산되어 있지만 이는 불분명하다. 지구화에 대한 다양한 차원들과 접근들을 서로 구분하고 융합하려고 시도했지만(Robertson 1992), 너무 유행에 편승해 지구화를 온전히 이해하지 못했다(Walters 1995). 정치, 경제, 사회, 그리고 사회적 역동성은 단일한 지구화의 다양한 양상이라고 단순하게 정의할 수 없다. 이들은 서로 섞이고, 관통하는 각각의 프리즘인데 이를 통해 지구화가 각기 다르게 꼴을 갖추고, 경험되고, 발견된다. 따라서 지구화에 대한 학제간 접근이 아직은 포크로 수프를 먹는 것과 비슷해서, 개별 사회과학은 지구화에 대해 서로 다른 시각을 견지한다.

경제적 지구화는 종종 "기업의 글로벌리즘(corporate globalism)"으로 지칭되지만, 가치관 영역의 지구화는 "글로벌 인문주의"로 불리고 있다(Gurtov 1994). 정치의 지구화는 다원주의의 연장 또는 "후기국제주의 정치(postinternational politics)"로 지칭되고 있다(Rosenau 1990). "위로부터의" 지구화는 "아래로부터의" 지구화와는 다르다(Falk 1994). 이런 용어들이 죄다 정확하지 않을 수도 있는데, 문제가 되는 것은 다차원적 과정으로 정의되는 지구화에 대한 일반적인 인식이다. 지구화를 실제로 재현해보면 경제학의 국제적인 무역 통계나 경영학 잡지의 열성적인 견해보다는 후기입체파 회화에 더 가까울 것이다.

또 다른 논란은 지구화에 대한 정량적, 정성적 시각 사이에서 일어난다. 다수의 경제학자는 지구화를 본질적으로 경제 현상으로 파악하며, 이는 통계수치를 통해 증명하거나 반박할 수 있다고 생각한다. 경제학에서 주도적인 생각은 지구화를 "객관적"이고 "실재"하는 지구화인 무역, 투자, 그리고 재정 통계로 국한하고, 나머지는 환상이나 신화라고 치부한다(이를테면 Krugman 1996, Sachs 1998). 이런 접근법에 따르면 지구화의 구역을 제한하거나 지구화의 발생이나 의미 자체를 거부하게 된다. 나는 이런 실증적 접근의 유효성을 두고 논란을 일으키고 싶지 않지만, 글로벌 의식과 글로벌 프로젝트 같은 지구화의 차원들을 고려한다면 이는 부분적인 설명에 불과하다. 지구화에 대한 좀더 복합적인 평가는 국제정치를 비교할 때 두드러진다(이를테면 Palan 2000, Woods 2000). 지구화는 본질적으로 다층적 시각과 총체적 접근을 요구한다. 비록 지구화에 대한 교과서들이 있지만(예를 들어서 Waters 1995, Held et al. 1999, Scholte 2000), 지구화에 대한 표준 교과서가 무엇인가에 대해서는 합의된 바가 없다. 또 기존 교과서는 자신들을 분과학문의 특징과 시각들 속에 가두고 있다.

사회과학은 폭이 넓지만, 개별 분과학문은 지구화를 연구하면서 분과학문의 시각에 특권을 부여하고 자신들의 논의에 권위를 부여하고 있는데, 이들은 자신들의 지식이 얼마나 제한돼 있는지를 모른다. 전체적으로 사회학, 지리학, 그리고 문화 연구에서 지구화에 대한 시각은 경제학보다는 좀더 포괄적이고 복합적이며, 정치학과 국제 관계는 이 둘 사이에 위치한다. 지구화에 대한 여러 분과학문의 시각은 상이한 지구화 행위자들과 범위, 시대 구분, "주제들"을 통해 드러난다(표 1.3).

지구화에 대한 이런 상이한 진단은 당연히 매우 다른 정의를 낳고 있다. 정의들의 일부 표본은 표 1.4에 정리했다.

지구화는 최근 또는 오랜 기간의 역사적 과정인가? 연구자들은 지구화의 시기에 대해서도 매우 다른 시각을 보여준다. 대부분 경제학자처럼 지구화를 최근 30여 년간 진행된 과정으로 받아들일 것인가, 아니면 장기간의 역사적 과정으로 받아들일 것인가? 표 1.5는 시대 구분과 "지구화"의 특성에 대한 시각을 조망한 것이다(이 용어가 모든 사람에 의해 사용되지 않기 때문에 따옴표에 넣었다. 자세한 논의는 다음 4장 참조). 지구화에 대한 공통 정의가 없으며, 이 질문은 매듭이 지어질 수 없다. 이 논의를 중단하고, **현재 가속화되고 있는 지구화**라는 말로 1970년대 이후의 지구화 과정을 특징지음으로써 타협할 수 있다.

표 1.3 사회과학의 분과학문에 따른 지구화

분과학문들	시기	행위자, 범위	키워드
경제학	1970년대 >	다국적기업들, 은행들, 기술들	글로벌 기업, 세계 생산, 글로벌 자본주의
	2000년대 >		신경제, 닷컴
문화 연구	1970년대 >	매스미디어, 정보통신 기술, 광고, 소비	글로벌 빌리지, CNN 세계, 맥도널드화, 디즈니화, 혼종
정치학, 국제관계학	1980년대 >	국가의 국제화, 사회운동들, 국제 비정부기구들	국가들의 경쟁, 후기국제정치, 글로벌 시민사회
지리학	1900년대 >	공간과 장소, 거리의 상대화	글로벌-지역적 변증법, 지구화
사회학	1800년대 >	모더니티	자본주의, 국민국가들, 산업화 등
철학	1700년대 >	글로벌 성찰성	행성적 윤리, 보편적 도덕성
정치경제학	1500년대 >	자본주의	세계시장
역사학, 인류학	기원전 5000년 >	문화 간 교역, 기술들, 세계 종교들, 진화	글로벌 흐름, 글로벌 인간계, 협력 규모의 확대
생태학		글로벌 생태학, 생태계의 통합	지구 우주선, 글로벌 위기

표 1.4 지구화의 정의들

분과학문	정의들	출처
경제학	"국가의 경계를 가로지르는 경제적 조건들과 정책들의 유사성"	Gray(1993: 38)
	"경제적 '상품들'의 국가적, 지역적 장벽들을 가로지르는 가속화된 운동. 예를 들어 사람, 상품들, 자본, 특히 자본의 무형의 형태들(기술, 자산의 통제)"	Oman(1993: 56)
사회학	"지구화는…… 총괄하여 이야기하면 세계의 압축과 세계에 대한 의식의 강화를 모두 지시한다."	Robertson(1992: 8)
	"사회적, 문화적 배치들에 대한 지리적 제약들이 약화되고, 사람들은 이 안에서 점차 자신들이 약화되고 있다는 것을 인식하는 사회적 과정이다."	Waters(1995: 3)
역사학, 인류학	"지구화는 증가하는 전 세계적 상호 연관성의 장기적인 역사적 과정이다."	Nederveen Pieterse(1995: 45)

표 1.5 지구화의 본질과 시대 구분에 대한 주요 견해들

시간축	지구화의 구성 단위들	분과학문들
단기(1970년대 이후)	기업들, 생산 기술들, 마케팅: 미디어	경제학, 문화 연구
중기(16세기에서 18세기)	자본주의, 모더니티	정치경제학, 사회학
장기	사회적 협동의 형태들	역사학, 역사사회학, 인류학

지구화란 무엇인가? 지구화는 경제와 정치의 연결성이 강화되는 객관적 **실증적 과정**이다. 또 더욱더 긴밀해지는 글로벌 상호 연결성에 대한 집단적 **인식**으로 의식 속에 펼쳐진 주관적 과정이고, 글로벌 조건들을 구체화하려는 특정한 글로벌 **프로젝트들**의 숙주이다. **어떤** 지구화가 논의되고 있는지는 항상 불분명하다. 지구화는 일반적이고 조정 가능한 경향을 이야기하는 것인가? 또는 특정한 경제적, 정치적 프로젝트들을 이야기하는 것인가? 지구화는 시스템적 특성이 있는가? 지구화 자체가 다양한 양상을 띠고, 지구화를 기초적으로 이해하는 단계에서도 폭넓은 불일치가 나타난다. 몇몇 변별적인 시각들에 대한 개괄은 표 1.6을 참조하기 바란다.

지구화는 존재하는가? 근본 논란은 지구화가 실제로 존재하는가, 아니면 신화이거나 과장된 수사학인가를 둘러싸고 일어난다. 허스트(Paul Hirst)와 톰슨(Grahame Thompson)은 몇몇 근거를 토대로 "지구화 수사학" 또는 "지구화 헛소리"라고 비판했다(1996). 이들의 핵심 주장은 1914년 이전의 세계 경제가 현재보다 더 국제적이었다는 것이다. 이들은 무역과 투자에 관한 통계를 상세하게 제시함으로써 이를 증명하고자 했다.

표 1.6 지구화에 대한 시각들

시각	키워드	출처
과정(추세)으로서	점증하는 전 세계적 상호 연결성	Robertson 등
프로젝트로서	워싱턴 컨센서스, 다국적기업들 등	Ohmae, McMichael, Korten, Seabrook, Chomsky 등
과정과 프로젝트들로서	위와 같음	Dessouki
시스템으로서	맥도널드와 미국 헤게모니	Thomas Friedman, Wallerstein
담론으로서	글로벌 횡설수설(global babble), 터보 자본주의 등	Media; Steger

1870~1914년, 새로운 제국주의 시대인 '벨에포크(belle époche)'는 영토 제국주의에 의해 형성되었다. 서구 국가들은 당시 지구상의 96퍼센트 이상을 통제하고 있었기 때문에 경제가 매우 국제화 개방화된 것으로 보이는데, 전혀 이상한 일이 아니다. 이후 경제공황과 제2차 세계대전, 탈식민화가 일어났는데, 현재의 지구화는 이와 비교해서 측정되어야 한다. 1870~1914년을 척도로 삼을 경우 실제로는 대영제국이 얼마나 국제화되었는지를 측정하는 결과가 될 것이다. 이 주장은 현재 국제화의 변별점을 은폐하는데, 현재의 지구화는 적어도 최근의 미국 제국주의 전회(turn) 이전까지는 고전적 의미의 영토적 제국주의가 아니다. 허스트와 톰슨은 활동 반경이 국제적인 특정 국가 기반의 다국적기업들보다 순수한 초국가적 기업들의 개수가 적다고 주장한다. 이들은 유행의 선도자이며, 외국에 직접 투자 시 입지 문제를 제기하지도 않는다는 것이다. 허스트와 톰슨은 경제적 지구화를 다루고 있지만, 기술적·정치적·사회적·문화적 차원들

표 1.7 지구화와 관련한 정책적 시각들

분석	평가	정책	출처
존재하지 않는다	없음	국가적, 지역적 정책	Hirst와 Thompson
강력한 추세	긍정적	국경 없는 세계	Ohmae
	부정적	지역주의, 신보호주의	Hines
		통제자본주의	Samir Amin, McMichael
강력한 시스템	둘 다	맥도널드와 미국 헤게모니	Thomas Friedman
변증법적	둘 다	전략적, 유연한	Griffin과 Kahn

과 글로벌 시민사회 등의 형성과 같이 실제로는 지구화의 이상들에 대해 이야기한다. 이들의 주장에서 기술을 포함한 지구화에 관한 비경제적 문헌들은 완전히 배제되고 있다. 1914년 이전과 이후 몇 차례 기술 변화들이 있었고, 특히 운송과 통신 혁명으로 인해 높은 차원의 경제적 국제화가 가능했을 뿐만 아니라 필요하게 되었다(Henderson 1993).

지구화에 대한 진단과 정의들은 지구화 정치와 연관되어 있다. 우리는 지구화와 관련해서 규범과 정책적 태도 사이에서 폭넓은 연속체를 발견할 수 있는데, 이는 서로 연관돼 있다. 표 1.7은 지구화를 연구하는 학자들의 분석적, 평가적, 정책적 시각들을 개괄한 것이다.

지구화는 신자유주의 자본주의인가? 연방준비제도 의장인 앨런 그린스펀(현재 의장은 재닛 옐런이다—옮긴이)은 태국에서 시작된 1998년의 아시아 위기에 대해 다음과 같이 이야기했다. "내 생각에 이번 아시아 위기의 결과 중 하나는 서구, 특히 미국에서 시행 중인 시장자본주의가 우월한 모델이라는 의식이 이 지역에서 강화된 것이다. 다시 말해 이것은 삶의 질을 높이고 지속적 성장을 확실히 약속한다." 〈파이낸셜 타임스〉는 다음과 같이 논평한다.

> 의장의 말이 옳다. 일본의 침체와 태국, 인도네시아, 남한을 휩쓴 위기는 아시아적 자본주의의 영광을 상당 부분 파괴했다. 유럽 대륙의 높은 실업률은 전통적 사회민주주의에 일격을 가했다. 이제 남은 것은 앵글로색슨의 자본주의이다. 이것이 "국제 표준"이 되고 있다.(1998년 4월 18일)

세계의 온갖 다양성을 단일한 주제로 묶으려는 이런 시도는 미국 자본주의를 역사의 종착지로 연출하려는 헤게모니 세력의 익숙한 행보이다. 짤막한 답변들은 다음과 같다. 첫째, "미국적 예외주의"(Lipset 1996)가 미국 자본주의에 빛을 던지다. 오직 신자유주의 시대 이래로 "진짜 자본주의"가 자본주의의 규범으로 인정받고 있다. 둘째, 우리가 이 용어의 정의를 국제 언론의 머리기사에 넘겨주어야 하는가? 머리기사들에서는 억지로 짜낸 분석이 두드러진다. "지구화"는 미국 정책 입안자, 뉴욕 중역 회의실, 〈월스트리트〉와 〈이코노미스트〉 지면의 의사결정 틀과 지식에 맞도록 억지로 짜낸 것이다. 셋째로 미국을 하나의 단위 혹은 이질적 요소가 전혀 없는 국가로 취급해서는 안 된다. 초강대국인 미국이 국제통화기금, 세계은행, 세계무역기구 등을 좌지우지하고, 지구화를 조정하고 있는 것처럼 보이지만, 내부를 보면 노동운동과 같은 여러 요인 때문에 미국 역시 지구화로 인해 강요받고 있는 상태라는 생각을 하게 된다(Milner 1998). 넷째로 신자유주의는 경제적, 정치적, 문화적으로 전혀 동질적이거나 일관성 있는 프로젝트가 아니다(Pratt 1998 참조). 다섯째로 워싱턴 컨센서스(Washington consensus: 1990년대 미국이 중남미 국가들에 제시했던 미국식 경제체제의 대외 확산 전략으로, 자율적인 시장경제 체제를 바탕으로 한 무역 및 자본의 자유화, 탈규제를 통한 무한 경쟁과 정부의 긴축재정, 민영화 및 정부 개입 축소 등이 골자이다—옮긴이)는 흐트러졌다. 여섯째로 엔론 사태 이후 월스트리트에서 다보스 포럼에 이르기까지 분위기가 확연하게 변화했다. 일곱째로 미국의 제국주의적 전회는 9·11 공격 이후로 매우 다른 논리를 도입했는데, 신자유주의를 액면 그대로 받아들일 수 없다는 입장을 취한다.

신자유주의 지구화는 세계의 관심사인데, 신자유주의로 인해 자본주의의 다양성이 사라지지 않고, 자본주의로 인해 지구화가 멈추지는 않는다. 초기 단계에 지구화국제포럼 같은 사회운동들은 반지구화 운동으로 자신의 정체성을 확립했다. 후에 이들은 대안적, 민주적, 포괄적 지구화로 자신의 입장을 미세조정했다(Nederveen Pieterse 2001b, Held 2002). 결국 넓은 의미에서 볼 때 지구화가 이미 자리 잡았고, 지구화의 성격과 방향이 문제라는 더 폭넓은 이해에 다다르게 된다. 현재 지구화의 형식은 지구화 추세의 기반 위에서 타협의 대상이 될 수 있는데, 이것이 바로 지구화의 민주화 요점이다.

지구화는 관리할 수 있는 것인가? 부와 권력의 불평등은 매우 크고 지금도 심화되고 있다. 현재 권력 상황은 민주적 개혁이나 다원주의보다는 전쟁을 유발할 개연성이 매우 크다. 그럼에도 불구하고 지구화를 관리하고 조정하고 형성하는 몇 가지 형식에 동의하는 이들이 많아지고 있다. 글로벌 자유방임주의는 몇몇 특권을 가진 사람들이 감당하기에는 너무나 큰 위험을 내포하고 있을지 모른다(Soros 1998, 2002 비교). 선진국은 투자와 무역, 금융에서 새로운 글로벌 규칙들을 선호한다. 스펙트럼의 또 다른 끝에 위치하고 있는 "계획된 지구화(Planning Globalization)"는 세계 사회주의의 추종자들 사이에서만 호응을 얻고 있다. 광범위한 중간층은 관리 가능한 지구화를 선호하는데, 바로 이 지점에서 논란이 벌어지고 있다. 글로벌 개혁이 현존하는 구조 안에서, 그리고 새로운 기구들을 통해 실행되어야 하는가?

좋은 예는 국제적 금융 체제의 구성인데, 이를 위해 적절한 조정이 필요한가 아니면 새로운 금융 구조를 만들어야 하는가? 폭넓은 개혁 동의안에 대해 국제통화기금, 세계은행, 세계무역기구, 그리고 미국 재무국은 "투명성"과 회계 제도의 표준화와 관련해서 아주 소극적인 입장을 견지한다. 이런 보수적인 태도는 자본주의의 조정에 대한 워싱턴 컨센서스에 부합한다. 세계은행과 OECD는 중도적 태도를 견지하고 있는데, 높은 지불준비금 비중, 역외은행 이용에서 높은 장벽 설치, 국제기구들에 대한 적절한 개혁 등을 요구한다. 유엔과 글로벌 사회운동들은 가장 강력한 개혁을 요구하고 있는데, 이들은 국제적 탈세와 "핫 머니"(단기투기성 자금—옮긴이)를 제한할 수 있는 글로벌 중앙은행 같은 새로운 국제기구들을 선호한다(UNDP 1999 비교). 이외에도 진보 진영은 사회 내부와 국제적인 관계에서 “이중민주주의(Double Democracy)”(선거에서 여성이 남성에 비해 충분히 대표되지 못하는 경향이 있는데 이를 보정하기 위한 정치적 장치—옮긴이)와 유엔의 근본적 개혁, 지역적 의회 설립을 포함한 “코스모폴리턴 민주주의(cosmopolitan democracy)”를 요구한다. 현재 지속되는 공백 상태는 복잡한 다자주의의 하나로 파악되고 있다(O'Brien et al. 2000).

지구화에 대한 주요 논란을 검토하면 사회과학의 다양한 분과학문이 지구화의 범위, 특성, 시기 구분 등을 매우 다르게 보고 있음을 발견하게 된다. 지구화와 문화에 대한 질문들을 두고 여러 논란이 있는데, 이 책은 이중 일부에 초점을 맞춘다. 이어 지구화의 시각에 대한 맥락을 논의한다. 간략히 이야기한다면 지구화에 대한 비판적·다차원적·장기적 접근은 주류 사회학 또는 다른 분과학문보다는 역사사회학, 인류학, 역사학, 그리고 글로벌 정치경제학에 더 가깝다.

2

지구화와 인류 통합: 우리 모두는 이주자다

인류 통합 경향과 지구화가 관련 있는가? 전 세계적으로 증가하는 상호연계성 또는 "수축되는 세계(shrinking world)", 그리고 사람들이 서로 협력하는 폭넓은 추세가 이런 방향을 시사한다. 하지만 현재의 지구화는 전 세계적으로 비균질적 발달과 불평등 심화라는 양극화 현상 또한 초래했다. 협력 확대와 불평등 심화는 역사적인 측면에서 본다면 새로운 조합이 아니다. 따라서 지구화에 대한 장기적이고 진화론적인 시각을 통해 이 문제를 극복할 수도 있지만 다른 한편으로는 목적론적 사고나 진화론적 변화로 귀착되는 새로운 문제를 야기한다. 목적론과 관련해서는 그다지 좋은 경험이 없는데, 이는 통상 문화적·이데올로기적인 편견에 젖어 있고 지배 담론과 관련돼 있기 때문이다. 친숙한 사례로는 기독교의 '예수 재림' 같은 종교적 예언들, 전 세계적 사회주의와 같은 마르크스주의, 발전주의, (모더니즘은 곧 서구화라는) 진보적 서구 스타일, 그리고 헤겔, 코제브, 후쿠야마 등이 말하는 역사의 종말이 있다. 만약 지구화가 인류 통합과 관련 있다면, 이 문제들은 다룰 필요가 있다. 나는 다음과 같은 조건을 전제로 지구화가 인류 통합의 추세와 관련 있다고 주장한다.

- 지구화를 장기간의 역사적 과정으로 간주할 것이다.
- 인류 통합 경향은 직선적이 아니라 변증법적 과정으로 간주할 것이다.
- 이런 시각은 권력 및 계층 분석과 병행해 고수할 것이다.
- 인류 결속(unity)에 대한 유토피아적 비전은 가능한 한 손쉬운 해답이 아니라 조언으로 간주할 것이다.
- 지구화는 구체적인 과정들, 변화하는 주체성들, 그리고 특정한 지구화 기획들과 관련돼 있으며, 이를 포함하는 복합적이고 다차원적인 일련의 과정이다. 이 때문에 인류 통합을 향한 운동 또한 상이한 분야나 차원 들을 횡단하면서 비균질하게 전개된다.
- 디아스포라와 이주는 인류 통합으로 나아가는 추세의 일부이다.
- 이런 평가를 기반으로 전 세계적 평등을 위한 정책이 입안되고 추진되는데, 이것이 없다면 인류 통합이라는 아이디어는 이용 대상이 되기 십상이고, 의미 없거나, 신랄하게 비판적이거나, 수사에 그치기 쉽기 때문이다.

2장은 우선 지구화에 대한 장기적 추세나 시각들을 다루고 이를 유럽 중심적 시각과 대비한다. 다음으로는 인류의 결속에 대한 유토피아적이고 예언적인 비전들을 비균질적 지구화에 대한 질문과 함께 다룰 것이다. 후자의 경우 이주와 디아스포라가 일반적인 그림에 어떻게 들어맞는지를 조사할 것이다.

심층적 역사 과정으로서의 지구화

1장에서 이야기했듯이, 지구화가 장기간의 역사적 과정이라는 견해는 경제학자들과 정치학자들 또는 사회학자들의 공통된 평가가 아니라 몇몇 역사학자와 인류학자의 평가이다. 지구화에 대한 장기적인 시각, 관점, 그리고 요소들은 다음과 같은 것을 포함한다.

- 대륙 사이 혹은 대륙을 가로지르는 고대의 인구 이동들
- 문화 간 원거리 교역
- 세계 종교들, 이들의 전파는 불교, 힌두교, 기독교, 그리고 이슬람교의 발달과 확산 그리고 다양성들을 빚어냈다.
- 기술들의 전파에는 신석기시대 농업의 노하우, 군사 기술, 산술 능력, 독해, 과학, 철학들뿐만 아니라 문화 접촉으로 인한 새로운 기술 발달도 포함된다.

이러한 문제들은 지구화란 용어들이 나오기 전부터 다양한 방향에서 연구되어왔다. 고생물학자들과 문헌학자들은 고대 인구 이동을 연구했으

며, 문화 간 교역을 집중적으로 다루었다(Curtin 1984). 철학자 칼 야스퍼스(Karl Jaspers)는 세계 종교의 역할을 "축의 시대(axial age: 기원전 800년에서 기원후 200년 사이로 부처, 소크라테스, 공자, 노자, 예수 등 인류의 위대한 성인이 나타난 시기—옮긴이)"라는 개념을 통해 주제화했다. 구나틸레이크(Goonatilake, 1999)는 과학 문화의 역사를 연구했다. 역사학자 윌리엄 맥닐(William McNeill)은 군사와 다른 기술들의 초기 전파를 연구했다(1982). 안드레 군더 프랑크(Andre Gunder Frank)는 유럽 경제가 융성하기 훨씬 전이나 부흥할 때도 아시아 경제가 중심이었다고 주장했다(1998).

이러한 견해에 따르면, 인류 통합은 문명의 중심이 이동하는 역동성에 힘입었으며, 역사가 매우 오래되었을 뿐만 아니라 현재 진행 중인 문화 교류를 배경으로 역사의 전면으로 이동했다. 지구화라는 우산 아래 이런 장기에 걸친 과정들을 둘지 말지는 중요한 문제가 아니다. 어쨌든 이는 다른 종류의 논의이다. 중요한 것은 공간과 관련한, 일반적이고 근원적인 역사의 의미이다. 예를 들어, 로버트 클라크(Robert Clark)는 농경이 나타나기 전의 호모에렉투스 시대로 더듬어 올라가 "글로벌 정명(global imperative: 21세기 전 지구적 네트워크에서 인류가 직면하고 있는 문제들의 상호 관계적 세트—옮긴이)"을 조사했다. 그의 견해에 따르면 "인간 조건의 본질은 시간과 공간을 가로질러 우주의 부분들과 근원적으로 연결되어 있다"(1997: 2).

이런 역사적 감수성은 인류 통합이 주로 모더니티의 여정에 기인한다고 생각하는 유럽 중심적 견해와 크게 다르다. 만일 세계 통합이 기본적으로 **근대적** 현상이라면, 이는 유럽 정찰 여행(journeys of reconnaissance)의 역사적 사슬에 속할 것이다. 이 사슬은 팽창, 제국주의, 식민주의, 그리고 탈식민지화로 이어졌다. 그래서 모더니티와 근대가 통합할 때까지 세계는 잡동사니 조각들로 이루어진 군도와 같았다. 역사에 대한 유럽 중심적 견해는 진화론적인 역사학자들, 고생물학자들, 그리고 인류학자들이 제출하는 생각과 대비된다. 유럽 중심적 시각은 현재 벌어지고 있는 다수의 토론을 주도한다. 사회학자 앤서니 기든스(Anthony Giddens)는 지구화를 "모더니티의 결과들"(1990) 중의 하나라고 했는데, 이들은 모더니티와 고전들에 깊이 자리 잡은 보편주의를 역사에서 위대한 통일을 이끄는 힘으로 보았다. 이에 따르면 인류 통합은 서구라고 불리는 모더니티의 운명과 함께 유지되거나 붕괴하며, 모더니티 안이나 밖에서 작용하는 모든 분열적 힘들은 근대 역사의 위대한 순간을 훼손한다. 문 앞이나 문명의 요새 안에 있는 야만인들은 인간의 운명을 위협한다. 이런 생각에서 서양의 강한 국수주의적 수사(rhetorics)와 문명의 숙명이나 도정에 대한 염세주의가 나왔다. 이는 전 세계 차원의 문화적 관계에 대한 우울한 시각, 자본주의의 문화적 모순, 종족성의 파편화 효과 그리고 전 세계 문화의 "레바논화"라는 생각으로 나타난다. 역사에 대한 유럽 중심적인 근대주의자들의 생각은, 종교적 세계관에 뿌리를 둔 오래된 보편주의를 배경으로 삼은 데 불과하며 피상적이라는 사실이 드러난다. 사실 근대적 보편주의는 초기 종교적 보편주의를 복제한 것이다(Nederveen Pieterse 2001c: 2장). 모더니티들을 어떤 맥락에 두고 파악하는 것은 지금은 잊어버린 이주의 집단적 역사와, 지구를 서로 연결하는 정체성의 형성 경로를 복원하는 것을 의미한다.

지구화를 역사적 관점에서 보려고 한다면, 지구화의 상이한 단계들을 고대, 근대, 현대와 같이 구분해야 할 것이다. 현재의 지구화는 아마도 가속화된 지구화로 일컬어질 수도 있다. "오늘날의 지구화 과정은 세 가지 측면에서 예전 지구화와 다르다. 이동되는 물건(materials)의 양이 더 많으며, 이동하는 물건의 속도가 더 빠르고, 자재, 에너지, 그리고 정보와 같은 요소들이 더 다양하다"(Clark 1997: 16).

보통 문화 전파에 관심을 집중하면 우리는 인간의 신체를 세계적 인류 통합의 현장(site)으로도 간주할 수 있다. 대규모 인구 이동과 문화 접촉에서 주요 전환점은 종족 간의 혼합을 초래했을 뿐만 아니라 유전자 풀의 상호 역교배(crisscrossing: 1대 잡종 암컷에 그 양친 품종의 수컷을 교배시키고 다음 세대 암컷에 다른 양친 품종의 수컷을 교배시키는 것—옮긴이)와 혼종, 그리고 생리학적 특징을 빚어냈다. 이는 또한 질병의 확산으로 특징을 규정할 수도 있다. 중세에 아시아와 유럽이 접촉한 육로에서는 전염병이 발발하는 특성을 보였다(McNeill 1977). 유럽과 아메리카의 접촉은 아메리카 원주민들을 파국으로 내몰았다. 결국 보건의료에 관련한 방법 또한 널리 확산되었다. 식료품과 식습관의 확산은 인구와 인구 밀도에 상당한 영향을 끼쳤다. 말, 안장, 재갈, 마차, 배, 나침반, 자전거, 자동차, 비행기와 같은 이동 수단과 형식들은 인류 이동에 더 크게 영향을 끼쳤다. 군사 기술은 정복 논리와 물류를 창조해냈다(McNeill 1982). 리듬과 음악, 영화, 그리고 광고의 전파는 감각적 경험, 미학, 친밀성의 형태, 그리고 신체의 경험 방식에 영향을 끼쳤다. 이는 의류와 패션에도 동일하게 적용된다. 매스미디어와 서구 이미지가 주도하는 광고가 전 세계적으로 확산됨으로써 남반구에서 미의 지역적 기준, 육아, 피부 미백과 같은 일상의 영역에 영향을 끼치고 있다. 이와 반대로 오리엔탈리즘과 "다른 비서구적" 영향들은 서구에서 스타일과 감수성에 상당한 영향을 끼쳤다(Bruignac-La Hougue 1998, Nederveen Pieterse 1994). 인간 게놈 프로젝트는 인간이라는 종이 진화론적으로 얼마나 가까운지를 보여주었다. 올림픽 경기와 국제미인대회는 "국가 가족(family of nations)"이 자신들의 존재를 인정받는, 특유의 의식이 펼쳐지는 무대이다(Malkki 1994). 이는 신체와 장소를 함께 연상함으로써 가능하다. 특히 여성의 신체는 경계가 협상되거나 재협상되는 곳인데, 이는 히잡, 스카프, 그리고 미인대회를 둘러싼 이슈들이 증거한다(Oza 2001). 따라서 여러 면에서 심층적이거나 피상적인 인류 통합이 우리 신체들에 대한 변화하는 경험에 반영되거나 굴절되고 있다.

유토피아 비전: 인류 결속이라는 주제

> 모든 국가들은 친하게 지내는가? 지구에는 단지 하나의 심장만이 존재할 것인가?
>
> —월트 휘트먼

예언과 유토피아는 성서의 다니엘서에서 피오레의 요아킴(Joachim de Fiore 1132~1202: 이탈리아 신비주의자—옮긴이)의 책에 이르기까지 시공간을 넘어서서 인류 결속을 환기했는데, 요아킴의 "제3의 시대"는 아크나톤과 알렉산드로스, 그리고 재세례파에 이르기까지의 인류 통합을 예견했다.[1] 인류가 부족 종교에서 보편 종교로 나아가면서 공통 인간성에 대한 비전이 환기되었다. 유대교에서 기독교로, 그리고 구약에서 신약으로의 변화는 비유대인에게 복음의 문을 엶으로써 가능해졌는데, 이는 매우 적절한 사례이다. 다른 방식으로 보면, 도교, 불교, 힌두교, 그리고 이슬람교는 시야와 호소력이라는 측면에서 보편성을 가진다. 쿠란에서는 문화적 차이를 사람들이 서로를 아는 방법으로 제시할 뿐이다.

어떤 환경에서 문화가 번성하는가? 한 가지 견해에 따르면 문화 융성은 지역이나 소규모 사회 단위에서 더 많이 발견되며, 또 이를 필요로 한다. 따라서 인도 철학자이자 요가 수행자인 스리 오로빈도(Sri Aurobindo)는 "공간이 너무 광대해서 각자 흩어져 사는 집합 생활은 역량을 집중하거나 생산성을 높이는 데는 불리하다"(1999: 109)라고 했다. 그럼에도 불구하고 오로빈도는 인류 결속의 보편적인 과정을 믿었다(110). 지역주의 옹호론자들은 지구화 자체 또는 지구화의 현재 모습에 반대하거나(Mander and Goldsmith 1996), 탈지구화를 제안한다(Bello 2001). 최근에 나타난 더 공통된 견해는 문화 융성이 보통 문화 섞임을 통해 일어난다는 것이다. 이는 종종 다른 문화나 인간 집단이 우연히 만나는 큰 강의 합류 지점이나 삼각주를 따라서, 혹은 여행자들과 무역상의 행로가 만나는 주요 도시나 중심지 등에서 생겨났다. 이것은 종종 인류의 결속이라는 폭넓고 고상한 비전을 포함한다. 예를 들면 몽골인과 이들의 보편적 관심사, 그리고 다중적 문화들을 아우르거나 이들에 의해 둘러싸였던 무굴제국 등이다.[2] 이슬람 사회에서는 루미(Mevlâna Celâleddin-i Rûmi 1207~1273: 관용과 상생으로 이슬람을 재해석해 종교와 인종, 국가를 초월한 포용적인 세상을 꿈꾼 수피즘의 일파인 메블레비의 창시자이자 시인—옮긴이), 이븐 바투타(Ibn Battuta 1304~1368: 모로코 출신의 여행가이며 학자—옮긴이), 이븐 할둔(Ibn Khaldun 1332~1406: 아라비아의 역사가이며 철학자—옮긴이), 이븐 루슈드(Ibn Rushd 1126~1198: 에스파냐 출생의 아랍계 철학자이자 의학자—옮긴이)의 저작이 떠오르고, 무어인들이 지배하던 안달루시아에서 문화가 꽃피었던 시대가 떠오른다. 이는 프로방스의 음유시인 문화를 뛰어넘어 널리 확산되었다. 우리에게 친숙한 또 다른 사건들로는 이탈리아 르네상스, 계몽주의 그리고 낭만주의 등이 있다.

이러한 사례들에는 문화와 문화의 다양한 요소들이 서로 종합되는 순간 문화가 꽃피었다는 공통점이 있다. 후손들은 종종 이것을 자기 지역에 내재한 천재성의 발현이라고 주장함으로써 고유한 미덕과 힘을 과시하려 한다. 하지만 이렇게 다양한 지역적 조류와 흐름이 혼합된 역사는 기억에서 희미해지는데, 이는 흐름 자체가 말라버리거나 경로가 바뀌는 것이나 마찬가지다. 이런 의미에서 세계 문명 중심부에서 쌓아올린 어떤 업적들도 지역적 또는 종교적 성과가 아니다. 즉 문화를 횡단하는 하부구조 없이는 이해할 수 없는 지역 간의 성과라는 뜻이다. 인간은 정면을 기억하고 있지만 현관 뒤쪽은 간과하며, 정상은 기억하지만 등반은 기억하지 못한다. 심지어 그렇다 하더라도 문화적 개화에 대한 이야기들은 이를 찬미하거나 인정하는 생각이 깃들어 있다. 에라스무스, 괴테와 그의 《서동시집(Westöstlicher Divan)》(1819), 라이프니츠, 베토벤, 칸트의 코스모폴리터니즘, 퀘이커교도 등을 생각해보라. 아랍 세계의 아랍문화 부흥 운동(The Nahda: 1798년 나폴레옹 이집트 원정부터 제1차 세계대전이 끝난 1920년 사이에 일어난 아랍문화 부흥 운동—옮긴이), 인도의 르네상스, 아프리카의 에티오피안 운동(Ethiopianism: 에티오피아 후손들이 조국과 디아스포라에서 벌인 운동으로 반계급, 반종파, 반식민주의 경향을 보인다—옮긴이), 그리고 할렘 르네상스(1920년대 미국 뉴욕의 할렘에서 일어난 민족적 각성, 흑인 예술문화의 부흥 현상을 가리킨다. 니그로 르네상스라고도 한다. 이로써 흑인의 목소리가 집단으로 표출되고 백인에게 받아들여지게 되었다—옮긴이)는 위대한 환기의 순간인데, 이는 부분적으로는 서구 식민주의에 저항했다.

보통 이러한 보편주의는 곧 **중도주의들**(centrisms)이었는데, 사람들은 시간이 지나면서 변화하는 지리와 문명 중도주의에 기초한 역사를 기술할 수 있게 된다. 결속은 일반적으로 공정한 경쟁의 장에서 일어나는 것이 아니다. 여기에는 종종 동심원 형태로 조직된 위계가 존재하는데, 혈통과 신앙의 순수성 등에 의해 측정되는 공적이 중심에 있다. 진실한 신자는 사닥다리를 통해 정상으로 올라갈 수 있지만 부랑자와 마찬가지로 나락으로 추락할 수도 있다. 따라서 인류 결속과 인간 위계는 항상 함께 존재한다. 중화왕국인 중국이 대표적이다. 유럽 중세의 삼부 세계에 의하면 야벳, 셈 그리고 함의 자손들이 세 대륙을 대표하고, 동방박사도 자기 세계의 일부를 대표한다. 단테의 《신곡》에 나오는 천국과 지옥은 성령과 지상 세계를 그린 동심원 도상으로 표현할 수 있다. 가톨릭 세계에서 네 강

(four rivers)의 이미지는 로마의 베르니니 분수에서 재현된다. 이들은 단결의 만달라이자 권력의 만달라이고, 포함과 배제의 만달라이기도 하다. 이들은 문화 번역, 혼종화, 그리고 통일의 몸짓을 암시하지만, 십자군, 마녀사냥, 종족 학살, 홀로코스트의 몸짓에도 영감을 주었다. 이는 종종 결속이나 위계 중에서 무엇을 강조하느냐에 따라서 패러다임이 **같을지라도** 내용은 완전히 달라졌다. 결속은 종종 내적 의미나 의도였고, 위계는 외적 형식 또는 결과였다. 계몽주의와 함께 또 다른 유럽 중심적 시각이 등장했다. 힘의 균형과 슈퍼 파워, 열강(great power), 사소한 권력(minor power), 그리고 무권력(no power) 등의 용어에서 드러나듯 위계는 정치적·군사적인 힘의 관점에서 받아들여졌다. 따라서 오늘날 선진국, 개발도상국, 개발국, 후진국들 사이에 위계가 존재한다.

로마 가톨릭 교회, 르네상스 인본주의자들, 예수회, 그리고 프리메이슨 모두 초국가적 상상력을 가지고 있다. 정치운동은 정치적, 문화적, 사회적 국제주의 프로젝트라고 번역되는 인류 통합을 채택했다. 자코뱅당(1789년 프랑스대혁명을 급진적으로 이끌었던 정치 분파로서 1793년 6월부터 1794년 7월까지 혁명 정부를 주도했다. 공포정치로 국내외 반혁명 기도에 맞섰으나, 1794년 7월 27일 테르미도르 반동 사건으로 몰락했다—옮긴이)은 공화국의 이상을 대륙을 건너 영국이나 아일랜드, 그리고 아메리카로 확산시켰고 민족운동은 이러한 여세를 더 강화했다. 노동자운동은 "세계의 노동자여 단결하라"고 외치며 단결과 투쟁의 가치를 높이 올렸다. 여성운동은 노예제 반대 운동과 힘을 합쳤다(Billington 1980). 민족주의는 국제주의를 넌지시 내비친다. 따라서 열렬한 민족주의자인 케말 아타튀르크는 다음과 같이 제안했다. "우리는 인류를 신체로, 국가를 수족의 하나로 여겨야 한다. 손끝의 고통은 전체 시스템에 영향을 끼친다"(Keyes 1982: 1에서 인용). 문화적 국제주의는 1914~18년 이후에 시작되었다(Iriye 1997). 탈식민주의 운동은 "이 땅의 비참한 사람들"인 억압받는 모든 사람의 단결을 선언했다(Fanon 1967). 실제로 역사적으로 우리가 인류 통합에 얼마나 더 가까이 다가갔는가 하는 문제는 정복의 역사, 노예제도, 그리고 식민주의 역사를 어떻게 해석하느냐에 달려 있다. 나는 이러한 에피소드를 해석하는 데 있어서 변증법을 선호한다. 제국과 해방은 복잡한 역사적 상호작용이었다(4장). 결국, 문화 접촉은 충돌의 문제이지만, 단지 충돌만의 문제는 아니다(Dathorne 1996).

단결과 위계의 이중적 특성 또는 위계적 통합은 예수회 고생물학자인 테야르 드 샤르댕(Teilhard de Chardin 1881~1955: 예수회 수도사 출신의 프랑스 철학자이다. 베이징원인과 필트다운인의 발견에 참여한 고생물학자이기도 하다—옮긴이)의 저작에서 나타난다. 높아지는 인구밀도에 대한 그의 생각과, "복잡화(complexification)" 그리고 정신세계를 향한 운동은 인류의 궁극적 통일을 지향한다. 비판가들은 샤르댕이 이 과정에서 세계의 불평등과 계층화를 과소평가했다고 주장한다.[3] 인류 통합에 이르는 지름길을 택하면 위계적 효과를 낳을 수 있다. 따라서 인류 통합을 진지하게 받아들이는 것은 곧 불평등을 심각하게 받아들이는 것이다.

균질하지 않은 지구화

현대 지구화에 대한 중요한 견해는 인류 다수가 **배제**되고 있다는 점을 지적한다. 즉 아프리카, 아시아 그리고 라틴아메리카에 살고 있는 대다수가 추월차선과 "삼각지대(Triad zone)"의 "상호 연결 경제(interlinked economies)"에서 영위되는 삶에서 배제되어 있다. 그러나 배제란 단어는 실제 상황을 묘사하는 데 너무 거칠고 무딘 용어일 것이다.

> 개발도상국가의 중산층은 광고, 유명 브랜드 소비, 첨단 서비스의 글로벌 회로망(global circuits)에 참여하고 있으며, 이 회로망 맨 끝에 존재하는 선진국의 하층계급은 점차 배제되고 있다. ……지구화 과정에서 개도국이 포함되는 여러 방법이 있는데 배제라는 용어는 이를 무시한다. 이들은 네트워크 자본 유출로 인한 구조조정, 이자 지급 같은 분야에서 글로벌 금융 기준을 준수하고, 자원 유동성, 유통망, 디아스포라 그리고 틈새시장 같은 글로벌 시장의 일부가 되었다. 또한 글로벌 생태, 국제정치, 글로벌 커뮤니케이션, 과학과 테크놀로지, 국제 개발 협력, 초국가적 시민사회, 국제 이주, 여행 그리고 범죄 네트워크의 일부가 되었다. 예를 들어서, 많은 아프리카의 국가의 공공 의료 영역은 점차 더 국제화되고 있다. 따라서, **비대칭 포함** 또는 위계적 통합을 이야기하는 것이 더 정확할 것이다.(Nederveen Pieterse 1997b: 80)

예를 들어, 아프리카 경제의 수출입 의존도는 서구 경제보다 훨씬 높다. 따라서 남반구 사람들은 글로벌 대중매체와 광고, 그리고 메시지가 전달되는 범위 내에 살고 있지만 이들이 꼭 행동에 나서는 것은 아니다. 알바니아 이주민이 지난날 매우 폐쇄적이던 시기에 이탈리아 텔레비전이 알바니아 국민에게 끼친 영향에 대해 쓴 글을 보자.

> 단계적으로 전체 광고 메시지는 그것의 (실용적) 맥락에서 분리되었다. ……궁극적으로 광고는 상류 리얼리티의 창으로 간주된다. 이 리얼리티에 의하면 사람, 물건과 행동, 그리고 행위는 가볍고, 다채롭고, 아름답다. 사람들은 다들 잘생기고, 깨끗하고 잘 차려입고 있다. 이들은 모두 미소 짓고 모든 일을 즐기며, 심지어 새 칫솔을 장만하는 사소한 일에도 매우 행복해한다. ……벽 너머 실재의 신기루를 반복해서 접촉할 경우 공허한 욕망을 불러일으킬 뿐만 아니라 충분히 오랫동안 이를 보존하기 때문에 욕망은 원래의 속성과 …… 행동의 충동도 잃어버리고, 말할 수 없이 무심한 사랑과 유사한 **마음의 상태**가 된다.(Vebhiu 1999)

텔레비전 시청자들은 "먼 데서 전해지는 고통"을 경험하고, 제한되거나 모호하고 정신없이 오락가락하는 연대의 몸짓에 사로잡히고, 시청자는 "번영의 국수주의"에서 안식처를 찾는데, 이는 국가기관들과 미디어에서 부추기는 내용이었다. 선진국의 선거 정치학은 복지 망명자와 테러리스트를 배제하는 장벽을 세우는 경향이 있는데(Connolly 1991), 이는 종종 망명 신청자, 난민, 그리고 "불법 이주민"에게도 확대 적용된다.

남반구와 북반구의 불평등으로 인해 지구화는 더욱더 불만스러워지고, 남반구 부자와 북반구 빈자의 경우에서 보듯 "가난의 탈영토화"를 심화한다. 따라서 세상에 대한 이미지와 지구화에 대한 인식은 남반구의 중산층에게도 적용될 수 있다(Gopal 1998). 남반구의 중산층과 빈민 다수는 국가적·지역적 운명을 여전히 공유하고 있으며, 초강대국의 지리정치와 지리경제, 서구의 이중 기준, 그리고 국내의 정치적 무능 때문에 고통받고 있다. 권력, 기술, 그리고 생산의 방대한 세계적 격차와 관련해서 개발 정책을 실행하는 데 운신의 여지가 있는가? "남반구와 북반구의 격차가 어디로 향하고 있는가", 이는 여기서 다루기에는 너무 큰 문제이지만, 나는 최소한 이러한 생각들을 가지고 있다는 점을 밝힌다. 세계적 불평등은 지구화의 위험과 함께하며, 정치, 안보, 경제, 그리고 생태의 위험에서 특히 그러하다. 이와 비슷하게 중요한 점은 세계적 불평등이 깊은 도덕적 문제를 야기한다는 점이다(Pogge 2002). 오로빈도, 하버마스, 신학자인 한스 큉(Hans Küng, 1997) 그리고 또 다른 사람들은 행성 윤리를 만들어냈다. 전 세계적 불평등에 맞서기 위해서는 글로벌 평등과 내포를 지향하는 글로벌 개혁이 필요한데, 개혁의 형식은 아주 다양할 수 있다(Nederveen Pieterse 2000, Dallmayr 2001). 이제 나는 지구화와 인류 통합 측면에서 이주를 논하겠다.

우리는 모두 이주자다: 이주와 인류 통합

장기적 시각에서 보면 지구화와 이주는 쌍둥이 주제이다. 이주에 대한 최초 기록은 하라파 지역에 관한 것으로 200만 년이나 거슬러 올라간다. 역사적 의미에서 본다면 우리 조상은 탄생한 장소에서 세계 각지로 이주했으므로 우리는 모두 이주자이다. 국가의 국경 통제는 상당히 멀리 거슬러 올라가지만 19세기에야 확산되었고, 최근에는 지구 전체로 확대되었다(Torpey 2000). 조상들 중에서 이런 허가를 받으면서 산 사람은 극소수였다. 이것은 단지 학문에서만 다룰 문제는 아니다. 역사에 대한 우리의 시각은 이주에 대한 시각에 강하게 영향을 끼친다. 오늘날 국민국가의 관점에서 이주를 바라보는 것이 당연시되고 있다. 이주를 좁은 시각에서 보는 것이다. 점차 많은 문헌들은 시민권과 인권과 같은 정치적 권리와 제약, 정체성과 다문화주의와 같은 문화적 관점, 그리고 국가적 관점에서 비용편익분석을 한다.

이런 관점은 다음 두 가지 점을 탐구하게 된다. 첫째로 국가를 출발점으로 보는 기존 시각인데, 이에 따르면 국민국가는 최근에 형성되었다. 앞서 소개한 또 다른 시각은 문화적 혼합인데 이 덕분에 문화가 융성했다고 본다. 이는 우리에게 친숙한 다문화주의 논쟁으로 인도하는데, 도덕적·이데올로기적·문화적 선호와 시민권에 대한 질문과 연결된다. 여기서 다문화주의에 찬성하느냐 반대하느냐 하는 문제를 반복하지 않을 것이다. 매우 많이 다루었기 때문이다. 여기서는 이주의 사회-경제학을 탐구한다. 광대한 영역의 극히 제한된 분야에 접근해 토론에 기여하기 위해서이다.

경제적 성과의 공이 국가에 돌려지고 있는데 사실 진부한 얘기다. 여기에는 19세기 이후로 국가가 정치학과 사회과학을 선호한 점이 반영돼 있다. 외국인, 이주자, 디아스포라, 소수민족들의 기여는 일반적으로 무시되었다. 국가가 이들의 기여를 인정하면 시대정신과 민족주의자 에토스에 반한다는 비판을 받기 때문이다. 만일 1840년부터 1960년까지가 민족국가의 전성기였다면, 이는 외국인과 이주자의 망각 시대이기도 하다. 전 세계 어느 나라나 국민국가 건설에는 외국인의 주변화, 추방, 몰수, 탄압이라는 어두운 면이 있는데, 이는 민족 청소의 정치학에서도 마찬가지이다. 이 점에서 터키의 미국인을 비롯한 다른 민족들, 독일의 유대인, 우간다의 인도인들, 나이지리아의 가나인들, 불가리아의 투르크족, 인도의 무슬림들은 유사한 사례이지만(Van Hear 1998), 이는 단지 빙산의 일각에 지나지 않는다.

지난 수십 년 동안 민족국가에 대한 열정은 약해졌고, 대신에 지구화, 지역주의 그리고 "종족성의 시대"가 도래했다. 국가는 전혀 다른 감수성과 문제들이 출현하는 영역이라는 관념은 이제 더 이상 당연시되지 않는다. 경제적 분석의 새로운 갈래는 국가주의자의 역사 기록 관행을 단절했고, 디아스포라, 소수자들 그리고 종족 집단의 역할은 신뢰를 얻었다(Kotkin 1992). 이런 견해에 따르면 국가가 해냈노라고 주장하는 상당히 많은 성취들은 사실 여행객들의 공인데, 이에는 무역업자들, 이주자들, 노예들, 순례자들, 선교사들, 여기저기 옮겨다니는 기능공들이 속한다. 이에 따라 디아스포라 세계는 줄곧 국가들의 세계에 끼어들었다. 유대인, 중국인, 아일랜드인, 이탈리아인의 디아스포라는 인정되었고, 아프리카 디아스포라는 두드러졌으며, 그리스인, 아르메니아인, 레바논인, 터키인, 이집트인, 예멘인, 인도인, 말레이시아인, 몽골인, 티베트인, 스코틀랜드인 디아스포라는 지역 역사를 제외하면 무시되었다. 마침내 이들 중 일부는 너무나 미미해져서, 이들을 구분하는 명칭은 국민국가 또는 문명 지역에서 유래한 것으로, 이는 적절치 않다. 앵글로색슨 같은 몇몇 용어들은 종래의 국가주의 역사기록학에 의거하는데 이는 초기 이주를 가리킨다. 실제로 "국가적" 정체성은 뒤범벅의 정체성, 즉 사람들의 조합인데, 이는 전통적으로 켈트인, 프랑크인 그리고 "프랑스"의 타자들처럼 정치적 목적으로 합병되었다. "아프리카의" 그리고 "인도의" 이주는 분명 근사치에 불과하다. 유럽인들이 이름을 지을 때까지 "인도", "아프리카" 그리고 "중동"은 존재하지 않았다. 이는 종종 제노바인처럼 지역, 구자라트 출신의 이스마일파(이슬람교 시아파의 한 분파. 7이맘파라고도 한다—옮긴이), 뭄바이 출신의 파르시교도(인도에서 포교된 조로아스터교. 이슬람교도의 박해를 피해 8세기경 인도로 피신한 페르시아계 사람들이 신봉함—옮긴이)처럼 지역 내 집단, 또는 중국의 푸젠성 사람처럼 국가 내 종족들이었는데, 이들은 문화를 횡단하는 연쇄 이주에 관여했다.

지구화와 문화에 대한 주류 시각들은 일방적이고, 논쟁적이며, 보수적인 의미를 가지고 있다(Huntington 1996). 세계문화발전위원회(World

Commission on Culture and Development)는 문화적 다양성과 창조성에 더 큰 관심을 기울일 것을 촉구한다(1996). 경제학 연구에서 새로운 접근법이 나타났으니, 문화 간 접촉을 경제성장의 동력으로 보는 것이다. 경제학자인 키스 그리핀(Keith Griffin 1996, 2000)에 따르면, 문화들의 혼합은 과거에 경제 혁신과 성장을 초래했으며, 미래에도 잠재력을 꽃피울 것이다. 이러한 견해에서 문화 접촉은 기술과 지식의 보급, 새로운 기술의 발달 그리고 사회적·경제적 협력 형태로 발달을 가속화했다. 앙리 피렌과 페르낭 브로델의 연구가 보여주듯이 역사 기록에서 중요한 무역로는 경제 활동의 결절점이고, 문화 변혁의 중심이다. 실크로드에 대한 멋진 이야기들이 있는데, 스기야마 지로(Sugyama Jiro)는 다음과 같은 사례를 소개한다. "기원전 3세기경에 마우리아 왕조의 아쇼카(기원전 272~기원전 232, 인도 첫 통일 제국의 건국자—옮긴이) 왕은 알렉산드로스 대왕이 완공한 서아시아의 고속도로를 통해 불교 포교사 집단을 서쪽으로 보냈다"(1992: 55). 이 길은 간다라(Gandhara: 인도의 서북부, 지금의 파키스탄 페샤와르 일대의 넓은 지역을 가리킴—옮긴이) 문명을 경유해 메소포타미아를 넘어 지중해까지 이어졌다. 이는 또한 스칸디나비아 바이킹 선박의 잔해에서 발견된 부처상에 대해서도 말해주고 있다. 이 사례는 시간이 지나면서 정복의 길이 상업의 길이자 문화 교류의 길로 바뀐다는 것을 보여준다.

이는 이주를 부가가치세나 국가의 비용으로 생각하는 것과는 상당히 다른 접근법이다. 또 종족 경제, 종족 마케팅 또는 이문화 관리에 집중하는 것을 넘어서는 시각이다. 오히려, 우리는 국민국가를 **격자**(grid)로 보게

되는데, 이는 인류 이주와 다이스포라의 오래되고 지금도 진행 중인 층위에 임시로 덧붙여진 것이다. 그렇다면 우리는 반대 질문을 할 수 있다. 이주가 문화적 창조와 경제적 자극의 주요 매개라는 점을 고려한다면, 국민경제, 국가 주권, 국경 통제 같은 국민국가의 구조가 이주에 얼마나 유용한가? 현재 중앙집중적이고, 선호되는 조직 형태로서의 국민국가 격자는 점차 상이한 조직 구조들과 지역, 도시, 국제적·초국가적 거버넌스(transnational governance)들의 조합에 자리를 내주고 있는데, 이런 제도적 구조들은 점차로 다층적으로 변하고 있다. 만약 우리가 일반적인 경제 역사에서 이주와 문화 접촉의 심오한 역할을 인식한다면, 이것이 현재 정책에서 의미하는 바는 무엇인가? 활력 넘치는 경제적 힘으로서 다문화주의를 이해하는 것은 시장가치가 지배적인 시대에도 중요하다. 이에 따르면 중요한 질문은 이주가 문화적으로 바람직한지, 도덕적으로 선호되는지, 또는 정치적으로 실행 가능한지의 여부가 아니라 어떻게 경제발전에 기여하느냐 여부이다. 실제로 경제를 이주의 다른 차원과 분리하기란 불가능할지도 모르지만 많은 논의들이 다른 길로 향했기 때문에 다음과 같은 선택 사항을 제시할 수 있다.

경제학자 토머스 소웰(Thomas Sowell)에 따르면 이주와 문화 전파는 이제 분리될 수 있다. "신체의 운송과 인적 자본 확산은 점점 더 분리할 수 있게 됐기 때문에 선진국에서 이주의 역사적 역할은 미래 역할과 연관 지을 필요가 없다"(1996: 299). "요약하면, 최소한 국제 이주는 중요하게 등장하거나 성장한 대안들과 비교해보면 점차 인적 자본 이동에 덜 효율적인 수단이 되는 경향이 있다"(같은 책: 300). 이것은 문화상대주의, 소수자 우대 정책 그리고 다중문화주의(Multiculturalism)에 반대하는 논의들 중의 일부이다. 소웰은 **부의 창조**(와 부의 분배를 강조하는 내재적 논쟁)를 강조하면서 자신의 연구를 결론지었다. 이런 분석에는 몇 가지 문제점들이 있다. 첫째로 경제적 틈새시장과 자원을 생성하는 이주민의 능력을 간과한다. 둘째로 인적 자본에 집중함으로써 경제를 개인이 각기 다르게 부여받은 기술과 자원의 교환으로 간주했고, 인적자산을 자유주의 패러다임의 일부로 간주하는 자유주의 환상에 빠졌다. 최근에 이런 관점은 사회적 자본이라는 주제에 완전히 밀렸다. 여기서 일반적인 시각은 폴라니처럼 시장이 사회에 배태되어 있으며, 경제는 제도에 기반을 두며 단지 개인의 기술이나 인적자산이 아니라 사회적 네트워크에 의해 가동된다는 관점이다. 실증적 연구에 의하면 "배태성(embeddedness)"은 조직적 학습, 위험 분담 그리고 시장 출시 기간 같은 여러 차원들과 마찬가지로 글로벌 경제에서 경쟁력 확보에 결정적이다(Uzzi 1996: 694).

사회적 자본에 관심이 높아지면서 종족 경제에도 관심을 기울이게 되었다. 종족 집단들 내의 신용은 거래 비용을 낮추어준다. 그리고 종족 집단 내에서는 사회자산 집중도가 가장 높고, 급료도 가장 많다(Light and Karageorgis 1994). 사회적 자본은 경제적 자원을 결집시키는데, 예를 들면, 한국의 **회**(hoa)는 미국의 소규모 기업에 가족노동과 자본을 양도한다(Yoo 1998). 종족 경제를 주장하는 사람들은 부의 창출에서 사회적 자본의 역할을 이야기하지만, 이것은 종족 커뮤니티 **내의** 상호작용에만 국한되기 때문에 한계가 있다. 이런 한계 중의 하나는 종족성의 구체화이다. 종족성의 특징이나 경계가 당연시되어서는 안 된다. 이것의 실제 경계와 실천은 유동적이다. "종족 경제"는 정당화할 수 있는 정도보다 더 강한 연대 속성을 부가함으로써 종족 경계를 확인하고 있는데, 이는 종족성이나 사회적 자본에 눈을 돌리게 만든다. 종족성에 눈을 돌린다는 것은 단지 종족성의 한 양상일 따름이며, 문제가 되는 것은 집단 내부뿐만 아니라 집단 간의 사회적 자본이다. 집단 내 사회적 자본은 사회적 자본을 바라보는 보수적 접근방식과 부합하는데, 이는 주어진 사회 형성 과정의 일부에 경로의존적이다. 이것은 다문화주의를 분리된 커뮤니티의 군도로, 고착된 조각들의 모자이크로, 일련의 게토들로 또는 파생적 인종차별 정책으로만 보는 시각과 궤를 같이한다. 이보다 더 생산적인 시각은 다문화주의를 문화 간 상호작용과 섞임으로 보는 것인데, 이는 문화적 흐름들이 서로 교차하는 영역이고, 이 과정에서 새로운 조합과 선택 사항들이 생성된다고 믿기 때문이다. 이는 정치적 이해관계와 라이프스타일 선택, 경제적 기회들에도 적용될 수 있다. 이외에도 몇 가지 방법들이 있는데, "이주민 경제", 초국가적 디아스포라 기업 그리고 문화적 차이와 발전에 관한 일반적 시각을 고려하는 것이다.

문화적 경계를 횡단하는 경제적 관계들은 고용과 생산을 넘어서서 교역과 소매, 신용과 투자로까지 외연이 확대될 수 있다. 이주민을 넘어 원주민과 국민 그리고 해외 연계망까지 외연이 확대될 수 있다. 문화적 차이가 종종 익숙한 인종/계급/젠더 유형 등의 사회경제적 차이와 많은 맥락에서 겹치기 때문에 문화/계급 차이를 횡단하는 경제적 관계들은 문화적으로 동질적인 환경 속의 경제와 마찬가지로 공통성을 띨 수 있다. 따라서 이것이 라틴아메리카에서는 도시 크리오요(criollos: 중남미 태생의 유럽계—옮긴이), 라디노(Ladinos: 에스파냐계 유대인—옮긴이)와 토착민의 관계에 해당하고, 아프리카에서는 종종 서로 다른 종족 출신의 도시 사업가와 시골 노동자 또는 공급자의 관계에 해당하며, 북미에서는 이주노동자와 많은 유형의 고용주들의 관계에 해당된다. 이러한 관계들은 아주 많고 다양해서 착취적 관계에서 협력 관계에 이르기까지 넓은 연속성을 횡단해서 매우 다양하고 상이한 관계의 형태를 보여준다. 이런 네트워크의 심오한 역사적 중요성은 이미 잘 알려져 있는데, 아시아 기업가 소수자들에 관한 연구는 이들이 세계경제(Dobbin 1996)와 다른 디아스포라(Kotkin 1992) 형성에 어떤 역할을 했는지를 보여준다. 동남아시아의 중국인들, 동아프리카의 인도인들, 서아프리카의 레바논인과 하우사인 같은 무역 소수자에 대한 고정관념은 지역 노동력 착취자인데, 이는 문화를 횡단하는 사회적 자본의 실재적 다양성을 은폐할 수도 있다. 우리는 분절화된 사회만을 고려해서는 안 되고, 이들의 사이 공간(in-between spaces)과 인접한 경계 지역도 고려해야 한다. 문화를 횡단하는 경제적 관계들에 대한 유형 분석이 필요하며, 섬세하고 정교하게 분석할수록 좋은 결과를 낳을 것이다.[4]

초국가적 비공식 영역에서 활동하는 식품, 의류 그리고 예비 부품 분야 소규모 무역업자들은 거대한 초국가적 기업 네트워크의 일부이기 때문에 눈에 띄지 않는다. 이들은 전형적으로 경제 구역의 경제적, 법적 틈새 지역에서 활동하면서 이주민과 고향의 커뮤니티를 연결한다. 이들은 실제로 남반구와 북반구의 발전 차이를 연결한다. 이런 기업가 활동을 강화하고 남반구와 북반구의 연결에 이들이 더 깊이 공헌하도록 하려면 어떤 정책을 세워 실행해야 할까?

현재 지구화의 두드러진 역설은 한편으로는 자본의 자유 이동, 다른 한편으로는 사람과 노동의 제한된 이동에서 나타난다. 이는 한편으로는 이주의 제한, 다른 한편으로는 남북의 큰 격차와 증가하는 회색 노동시장(gray labor market: 정부에 의해 집계되거나 세금이 징수되지 않는 노동시장—옮긴이)의 수요에서도 나타난다.[5] 이것 자체가 경제적 기회를 창출하는 구조를 만들어낸다. 차별화된 임금 요율, 노동조건, 생태 기준 그리고 개발도상국에서 두뇌 유출 같은 비균질적(uneven) 발달은 다양한 틈새시장에서 주요한 경제적 기회 구조로 작동한다. 이주는 송출과 정착 지역에서 골칫거리이면서도 필요악이다. 디아스포라와 초국가적 커뮤니티들은 풀뿌리 초국가적 기업들(Portes 1995)에서부터 범죄 조직들(Williams and Vlassis 1997)에 이르기까지 정치적 경계에 의해서 만들어진 차이들을 여러모로 이용한다. 지구화의 역설에 대한 담론은 이주 관리(Bhagwati 2003)에서 글로벌 사회정책에 이르는 정책 개입을 포함한다(Deacon et al. 1998).

이주민 정착국의 노동시장은 닫히는 경향이 있고, 제도적 장애물은 이주노동자 통합에 걸림돌이 된다. 구세계는 많은 이에게 신세계이지만, 제도는 낡아가고 있다. 복지국가를 개방할지 폐쇄할지가 딜레마이다. 이주민에게 딜레마는 공식 루트를 통해 입국해서 비숙련 노동자가 되는 과정에 종속되느냐, 아니면 지하경제 기업에서 활동하면서 불법의 위험을 감수하느냐이다. 구세계 국가들은 노동시장과 기업에서 제도적 장애물을 낮추거나 없앨 것이냐, 아니면 이주민에게 불리하도록 분절화된 노동시장 형태로 위계적 통합을 부과할 것이냐를 선택해야 한다. 전자는 "신세계"의 자유기업 모델처럼 복지국가를 잔여 형태(residual form)로 해체할 가능성이 있는데, 이로부터 게토나 사회적 격차가 발생할 수 있다. 여기에는 "캘리포니아화(Californianization: 할리우드 스타들과 유명인들이 모여 사는 미국 캘리포니아주 비벌리힐스의 문화가 전 세계로 퍼져나가는 현상을 말한다—옮긴이)"라는 시나리오가 함축되어 있는데, 캘리포니아는 "브라질화(Brazilianization: 울리히 벡(Ulrich Beck)이 제시한 용어로, 신자유주의적 경제정책에 따라 노동관계에 대한 탈규제와 노동력 유연화가 실행될 때 이로 인해 노동사회가 위험감수사회로 변동할 때 나타나는 노동의 불안정성 현상을 가리킨다—옮긴이)"되고 있다. 케인스주의는 국가적 토대에서 부활할 것 같지는 않고, EU 전체의 사회적 합의는 천천히 형성되고 있다. 제도적 장애물들을 줄이고 미국인이 되는 것이 대안이 될 수 있는가? 하지만 미국식(American way) 삶의 일부는 개인주의, 게토 그리고 범죄가 차지하고 있다.

인류 통합과 결속에 대한 예언적, 유토피아적 비전은 그럴싸하지만 실행 방안이 구체적이지 않았다. 이것이 구체적인 모습을 취할 때, 비판적 문헌이 증언하듯이 종종 억압적으로 변모했다(Popper 1966, Dahrendorf 1967). 플라톤의 《국가론》, 캄파넬라의 《태양의 도시》, 프랜시스 베이컨의 《새로운 아틀란티스》, 푸리에의 팔랑주(phalanges), 콩도르세의 유토피아

프로젝트, 콩트, 프루동, 생시몽, 레닌의 민주집중제(democratic centrism)는 사회공학(social engineering)에 대한 청사진을 제시하는 데 실패했고 역사 기록을 어지럽히고 있다. 매우 일반적인 수준에서 이야기하자면, 인류 통합 형태들은 특정한 단계에서만 가능하다. 가족, 씨족, 마을, 부족, 제국, 군주제, 국민국가, 공화국, 국가들의 합주(concert of nations), 포괄적 운동(Pan movement) 등은 모두 어느 정도까지 인류 통합을 끌어냈지만, 이후 제약이 되거나 배경음악에 불과하게 되었다. 중요한 것은 반유토피아가 아니라 느슨한 유토피아를 선택하는 것이고, 시시포스 신화(그리스 신화에 나오는 코린토스의 왕으로 코린토스 시의 창건자이다. 교활하고 못된 지혜가 많기로 유명했다. 시시포스는 제우스의 분노를 사 저승에 가게 되자 저승의 신 하데스를 속이고 장수를 누렸다. 하지만 저승에서 무거운 바위를 산 정상으로 밀어 올리는 영원히 벗어날 수 없는 형벌에 처해졌다고 한다—옮긴이)에서처럼 해방적 인류 통합을 포기하는 것이 아니라 충분하리만치 가볍게 받아들이는 것이다. 좀더 정확히 말하면, 의도와 형태는 심각하게 받아들여야 하지만 여기에 다른 종류의 심각함을 조합할 필요가 있다. 개혁은 세부 사항과 실행을 고민해야 하지만, 시간이 흐르면서 정치 환경이 급변할 수도 있으므로 이를 가볍게 받아들여야 할 것이다.

지구화는 인류 통합을 포함하지만 이는 장기적이고, 비균질적이고, 역설적인 과정이다. 문화 간의 관계는 비록 그것이 기여하는 바를 인정받지 못할지라도 "국가적 축적(national accumulation)"과 마찬가지로 중요했다. 지역화 시대에 국경을 넘어서는 문화 간의 관계는 사회적·제도적 세포조직을 형성하는데, 이는 현재와 미래의 경제적 실천에 결정적인 역할을 한다. 종족 경제는 태평양 분지의 중국 디아스포라처럼 지역을 공간적으로 엮으며, 종족 간의 경제는 분절화된 사회구성체를 넘어선 연결을 엮어낸다. 글로벌 방정식에서 손쉬운 지름길은 없다. 19세기 이후로 국민국가는 인류 통합의 주요한 형태였지만 점진적으로 다양한 협치 방식에 자리를 내주고 있고, 매크로리전(macroregions)을 포함한 통합의 다양한 형태들과 국제적·초국가적 협치 역시 민주주의적 결합을 드러내고 있다. 이주, 디아스포라, 다문화주의, 탈중심화, 비정부기구, 지역적·초국가적 사회운동은 형식 면에서 원심력을 보이지만, 점차 다른 체제를 예시한다.

3

지구화와 문화: 세 개의 패러다임

지구화 또는 세계적인 상호 연결이 강화되는 경향은 문화적 차이들이 서로 충돌한다는 몇몇 견해들과 함께 존재해왔다. 세계가 "점점 작아지고" 있으며 문화적 차이가 적어지고 있다는 자각이 나타났고 이와 더불어 문화적 차이에 대한 감수성이 더욱더 예민해지고 있다. 문화적 차이가 점차 부각되는 것은 일반적인 문화적 전회의 일부인데, 이는 모더니티에 대한 폭넓은 자기성찰과 관련 있다. 근대화는 증기 롤러와 같이 전진하고 있는데, 길 위에 있는 문화적·생물학적 다양성을 지워버리고 있다. 여기에는 분명 득과 실이 있는데, 득은 합리화, 표준화, 통제이고, 실은 소외, 환멸 그리고 전위(displacement)이다. 문화적 다양성을 근절하는 것은 세계에 대한 환멸감을 드러내는 행위였다.

문화적 차이에 대한 생각이 바뀌어온 방식은 지금도 매우 흥미로운 점이다. 이는 국가적 특성이나 정체성에 대한 친숙한 논의에서처럼 **국가적 차이**의 형식을 취하곤 했다. 현재 젠더와 정체성 정치, 종족과 종교 운동, 소수자 권리 그리고 토착민과 같은 차이에 기초한 다양한 양상들이 전면에 등장한다. 또 다른 논점은 우리가 "문명의 충돌"을 경험한다는 것이다. 이런 관점에서, 문화적 차이는 불변적이고, 경쟁과 갈등을 계속 유발하는 것으로 받아들여진다. 동시에 세계적으로 상호 연결성이 강화되면서—소비주의가 전 세계를 휩쓸고 있듯이—문화적 표준화와 균일화가 심화되고 있다는 생각이 널리 퍼져 있다. 한마디로 요약하면 맥도널드화이다. 이전의 두 가지 문화 사이의 관계 모델과는 완전히 다른 셋째 태도에 의하면, 위치들과 정체성들을 횡단하는 혼종화나 문화적 혼합 과정이 벌어지고 있다.

이는 문화적 차이에 대한 메타이론을 반영한 것인데, 이에 따르면 문화적 차이에 대한 시각은 단 세 개뿐이다. 문화적 차별주의(cultural differentialism) 또는 차이의 지속, 문화적 수렴(convergence) 또는 문화적 동일함 그리고 문화적 혼종화 또는 혼합의 진행이다. 개별 입장들은 특유의 이론적 수칙과 관련돼 있는데, 이를 패러다임이라고 한다. 이들은 각기 특정한 **차이의 정치학**(politics of difference)을 재현하는데, 영속적이고 불변하거나, 지울 수 있거나 지워지거나 혼합된 것으로, 이 과정에서 지역을 초월해 차이의 새로운 양상을 빚어낸다. 이것들은 또 서로 다른 주체와 더 큰 시각과 관련돼 있다. 첫째 시각은 이와 관련한 가장 오래된 시각인데 문화적 차이가 불변한다는 것이다. 둘째 시각은 문화적 수렴 논지인데, 세계 종교와 마찬가지로 보편주의의 초기 형태만큼이나 오래되었다. 이 두 가지 시각은 모더니즘의 변형으로 각기 낭만주의와 계몽주의 버전으로 각기 다르게 재생되거나 갱신되었다. 셋째 시각은 혼성화인데, 이는 여행하는 문화라는 포스트모더니즘의 감수성을 가리킨다. 이 장은 이런 시각들과 폭넓은 이론적 전제를 논하고, 이들이 환기하는 미래에 대해 질문할 것이다. 무관심처럼, 문화적 차이에 대한 또 다른 태도가 존재할 수 있는데, 이는 여기서 소개하는 세 가지 시각에 필적하는 깊이와 폭을 보여주지 못한다.

문명들의 충돌

1993년 하버드대학교 전략연구소(The Institute for Strategic Studies) 소장인 새뮤얼 헌팅턴(Samuel Huntington)은 논란의 여지가 있는 논문을 발표했다. 그는 "세계 정치 측면에서 핵심적이고 정말로 결정적인 측면이 수년 내에 도래할 듯한데 …… 문명들의 충돌이 될 것이다. ……냉전이 끝나면서 국제정치는 서구 (중심적—옮긴이) 국면에서 탈피할 테고, 중심 의제는 서구와 비서구 문명의 상호작용 그리고 비서구 문명들의 상호작용이 될 것이다"라고 주장했다.

헌팅턴의 상상력에 의하면 문명적 영역은 지질구조판이며, 갈등을 일으키는 단층선은 이데올로기라는 이름으로 더 이상 포괄할 수 없는데, 더욱더 그렇게 되어가고 있다. 이 주장은 이슬람을 중심에 두고 논의를 펼친다. "수백 년간 지속된 서구와 이슬람의 군사적 상호작용은 줄어들 기미가 없다"(1993: 31-32) "이슬람에는 피 묻은 국경들이 있다"(35). 단층선들은 구유고연방 등의 유럽의 이슬람 국경들과 아프리카 남부와 서부의 애니미즘 또는 기독교 문화들 그리고 인도와 중국 등의 아시아에 있다. 헌팅턴은 "유교-이슬람의 군사 연대"에 대해 경고하는데, 이 연결로 인해 동아시아와 중동이 서로 무기를 유통하기 시작했다. 그러므로 "세계 정치의 최상위 축은 '서구와 나머지' 세계의 관계가 될 것이며, 당면한 미래에 갈등의 초점은 서구와 몇몇 이슬람-유교 국가들의 관계가 될 것이다"(48). 따라서 헌팅턴은 서구, 즉 유럽과 북미의 더욱더 긴밀한 협력과 단결을 촉구했다. 여기서 서구에는 동부 유럽과 라틴아메리카 그리고 러시아와 일본의 협력 관계가 포함된다. 서구의 이해관계를 지키고, 경제적·군사적 힘을 유지하기 위해 유교와 이슬람 국가들의 차이와 갈등을 최대한 이용해야 한다고 주장했다.

문명에 따라 세계를 나누는 사고방식은 역사가 오래 되었다. 유럽에서는 노아의 세 아들이 낳은 자식에 따라 세상을 세 갈래로 나누었는데, 이런 지식의 기원은 중세까지 거슬러 올라간다(2장에서 소개했다). 아놀드 토인비는 세계를 문명권으로 나누었다. 이는 델리의 "틴 무르티" 현대연구학파("Teen Murti" school of Contemporary Studies)의 접근법이기도 하다(Sardar and Van Loon 1997: 78). 카볼리스(Kavolis 1998)는 종교를 기반으로 세계를 일곱 가지 문명 체제로 나누었다. 기독교인, 유교-도교-불교를 믿는 중국인, 이슬람교도, 힌두교도, 신도–불교–유교를 믿는 일본인, 혼합주의(syncretism)를 신봉하는 라틴아메리카인 그리고 비이슬람 아프리카인. 갈퉁(Galtung 1981)은 이들은 세계를 서로 다르게 이해한다고 주장한다. 세계를 문명에 따라 나누는 것은 모든 세계사 백과사전에서 발견하는 상투적 생각인데, 구식일 뿐만 아니라 새로운 역사기록학(historiography)과 "세계사"의 등장으로 인해 뒤로 밀쳐졌다(Prazniak 2000).

헌팅턴의 입장은 안보 이해와 문명의 차이라는 불협화음이 노골적으로 혼합된 것이다. 이처럼 선동성이 강한 관점에는 분명 "새로운 적"이라는 담론 장르가 있다. 사실상 이것은 이슬람 "근본주의자들의 위협"과 "황화(黃禍: 언젠가 황인종이 서양 문명을 압도하리라는 공포심에서 나온 개념으로 독일의 빌헬름 2세가 주장했다—옮긴이)"라는 적대 담론이 섞인 것으로, 새로운 점은 이를 섞었다는 것이다.

헌팅턴은 냉전을 재활용했다. "문명 사이의 단층선은 위기와 유혈 사태의 발화점인데, 이는 냉전의 정치적·이데올로기적 경계를 대체한다"(29). "문화라는 벨벳 커튼은 유럽에서 가장 중요한 구분선인데, 이데올로기라는 철의 커튼을 대체했다"(31). 따라서 더 이상 "평화 배당금"은 없다. 냉전은 끝났지만 전쟁은 지속되고 있다. 이것은 새로운 억제 정치와 헤게모니 경쟁의 새로운 단계라고 지칭되는데, 이데올로기 어법에서 문명적 어법으로 번역되고 있다. 헌팅턴의 가설은 폭넓은 논쟁을 불러일으켰으며, 그의 주장은 널리 부정되었지만(이를테면 Rashid 1997, Camilleri and Muzaffar 1998), 헌팅턴의 공헌은 문화를 국제 관계에서 의미 있는 변수로 제시한 것이다. 헌팅턴은 자신의 가설을 책에서 발전시켰고(1996), 문화에 대한 폭넓은 논의를 덧붙였다(Harrison and Huntington 2000). 나는 여기서 논쟁을 반복하지 않을 것이며, 문화적 차이를 다룬 세 가지 패러다임 가운데 하나로 헌팅턴의 주요한 주장들을 다룰 것이다.

헌팅턴은 서구를 "보편적인 문명"으로 그렸는데, 대부분의 아시아 사회들이 드러내는 배타주의와 경직된 피아 식별을 매우 부정적으로 바라본다(41). "나머지(the Rest)"는 서구화를 거치지 않고 근대화를 시도한다고 고발했다. 이것이 바로 실제적 위험일 수 있는데, **서로 다른 모더니티들의** 망령으로 인해 서구 문명의 헤게모니가 붕괴할 수도 있기 때문이다. 이제는 복수 모더니티라는 주제가 용인되고 있다(다음 4장 참조).

지정학은 이상한 것이다. 중동과 동아시아 사이에 다량의 무기가 유통되고 있는데, 여기에 이슬람 국가들은 관련되어 있지 않지만 이스라엘은 관련되어 있다. 이스라엘 무기가 중국으로 판매되고 있는데, 미국은 이에 각별히 관심을 기울이고 있다. 왜냐하면 미국산 하이테크 장비들이 재수출되고 있기 때문이다. 헌팅턴이 인용한 또 다른 사례는 파키스탄과 중국 사이의 군사 기술 거래인데, 여기에도 미국의 시각이 관련되어 있다. 미국의 안보 관점이 주요한 관심사인데, 중국과 이란의 군사 관계 그리고 최근 불거진 북한의 무기 수출은 언급하지 않을 것이다.

이런 지정학적 구상에서는 냉전의 변증법과 미국이 담당하고 있는 역할이 간과된다. 이는 문명적 갈등이라기보다는 지정학적 안보 게임의 타개책인데, 일차적으로 미국에 의해 시작된 것이다(Johnson 2000에서 논의함). 패권국인 미국이 나중에 이를 더 이상 통제할 수 없게 되자, 자신들에게 바람직한 방향으로 판을 이끌어 갈 수 있도록 연합국에 도움을 요청한 것이다. 20세기를 전후로 해서 대영제국의 정치적·경제적 힘이 쇠잔해졌는데, 이와 똑같은 일이 벌어졌다. 미국에는 태평양, 카리브해 그리고 라틴아메리카의 경찰 역할을 요청했고, 일본에는 중국해의 해군 역할을 요청했으며, 러시아제국을 억제하고, 유럽 권력 게임에 가세할 동맹국을 물색했다. 지금과 마찬가지로 당시에도 쇠잔하는 패권국은 "문명적" 친밀감을 촉구했다. 즉 백인의 "책무"와 문명화 사명 그리고 현재의 "민주주의", 자유와 자유시장의 미덕 등이다.

사회학자 맬컴 워터스(Malcolm Waters)는 "물건 교환은 국지적이 되고, 정치적 교환은 국제화되고, 상징적인 교환은 지구화된다"라고 흥미롭게 정리했다(1995: 156). 이 주장을 견지하기는 힘들다. 왜냐하면 기업 차원의 미시경제적 역동성이 지구화의 거시경제적 과정으로 어떻게 나아가게 하는지를 보지 못하기 때문이다. 하지만 이 시각은 문화적·상징적 영역의 지구화를 처음으로 보여주었다는 점에서 흥미로우며, 헌팅턴의 가설과 정반대이다. 이는 또 헌팅턴 시각의 기이함을 보여주는데, 기존의 안보 언어로 치장된 문화에 대한 **정치적** 시각이다. 문화는 정치화되고, 문명으로 포장되었으며, 지정학적 독립체와 곧바로 동일시되었다. 여기에는 분명 많은 헛발질이 있으며, 사람들은 줄곧 의아하게 생각한다. 지구화된 세상에서 그리고 문화적 재현물의 영역에서 국가 안보 독트린은 무엇을 의미하는가? 헌팅턴은 문명들 사이의 단층선에 초점을 맞추고 있는

데, 그의 비관주의는 증가하는 종족 갈등에 대한 비관적 전망과 짝을 이루고 있다(Moinyhan 1993, Kaplan 1996 참조).

그의 논지에서 가장 주목할 부분은 **문명들**의 충돌에 대한 피상적 주장이다. 왜 **문화**는 갈등의 새로운 단층선으로 제시될 수 있는가? 헌팅턴의 이론틀은 아시아 사회 비난의 정교한 표본인데, 아시아인은 이 사람과 저 사람을 구분하는 것을 강조한다는 것이다. 일반적 차원에서 이는 매우 독특한 문화 독해 방식과 관련돼 있다. 이매뉴얼 월러스틴(Immanuel Wallerstein)은 "문화는 현대 세계체제에서 이데올로기 전쟁터"라고 생각했다(1991). 그는 문화와 이데올로기는 단일한 틀 안에서 합쳐지고, 문화는 "한 집단과 다른 집단을 구별하는 일련의 특성들"이라고 정의했다. 앤서니 킹(Anthony King 1991: 13)도 문화에 대해 유사한 개념을 제시했는데, 문화를 "인간 다양성의 집합적 표현들"로 간주했다.

만일 우리가 이것을 매우 중요시한다면, 예를 들어서 이중언어는 "문화적"인 것이 될 수 없다. "한 집단을 다른 집단과 구별하지 않기" 때문이다. 실제로 이 정의에 따르면 어떤 이중문화, 문화 사이의 실천, 다문화 또는 초문화적 실천은 "문화적"인 것이 될 수 없다. 어떤 커뮤니케이션 또는 상이한 집단 간의 교류 양식은 상호작용을 발전시키는데, 이 역시 문화적인 성격을 띨 수 없다. 왜냐하면 문화는 집단 간 다양성만을 지시하기 때문이다. 따라서 이런 정의에 의하면 어떤 집단 간 문화 또는 초국가적 문화가 존재하지 않는다고 우리는 단정할 수 있다. 교역과 이주를 통한 문화 전파, 문화들 사이의 국제어(lingua franca: 모국어가 서로 다른 사람들이 상호 이해를 위해 습관적으로 사용하는 언어—옮긴이), 외국에서 이중언어 경험을 하고 귀국한 사람, 혼혈아들, 다문화 경험을 한 여행자들, 문화 횡단 상호작용 전문가들, 사이버스페이스 영역들은 모두 "문화"의 영역 밖에 존재하게 된다.

문화에 대한 이런 생각은 어리석을 정도로 일방적이다. 다양성은 그림의 한 면이고, 상호작용, 공통성 또는 공통성의 가능성은 또 다른 한 면이다. 인류학의 문화상대주의와 루스 베네딕트는 문화를 단일한 전체로 간주했는데, 게슈탈트〔Gestalt: 형태(form)라는 의미로, '전체는 부분의 합 이상'이라는 형태심리학의 중요한 개념을 나타내는 용어다—옮긴이〕나 양식은 자체의 고유한 용어를 통해서만 이해할 수 있다고 했다. 이는 문화를 일종의 당구공 모델로 간주하는 것인데, 이는 분리되고 뚫고 들어갈 수 없음을 함축한다.(이는 현실주의자의 시선이 국제 관계에서 국가를 재현하는 방식과 유사하다.) 시간이 지나면서, 이것은 민속방법론(ethnomethodology: 사람들이 이 세계의 질서를 보고 기술하고 설명하는 작업을 어떻게 행하고 있는지를 밝히는 방법론적 흐름—옮긴이), 종족사회학(ethnosociology) 그리고 지식의 토착화(indigenization of knowledge) 경향을 낳았다. 이는 문화에 대한 변칙적 정의이다. 인류학에서 더 일반적으로 받아들여지는 문화에 대한 정의에 따르면 문화는 행동과 믿음을 지시하고 학습되고 공유된다. 학습은 "본능적인" 것이 아니고, 공유는 개별적인 것이 아니라는 뜻이다. 공유는 사회적 공유를 지칭하지만, 사회성의 경계에 대한 제한은 없다. 어떤 영토적, 역사적 경계가 이 정의의 일부로 상정되는 것은 아니다. 문화의 이해란 열린 결말을 의미한다. 학습이란 항상 진행형으로 환경을 변화시키는 기능을 하며 따라서 문화는 항상 **열려** 있다. 공통의 사회적 경험보다 공유에는 더더욱 고정된 경계가 없기 때문에, 문화에는 영토 제한이 없다. 이에 따라 문화는 공통성만큼이나 다양성을 지칭한다. 다음 장에서 나는 문화에 대해 완전히 다른 생각, 즉 영토적 문화와 트랜스로컬 문화를 이야기할 것이다.[1]

문화상대주의는 문화에 대한 하나의 시각을 재현하는데, 이는 **문화주의자 차별주의**(culturalist differentialism)라고 이야기할 수 있다(Taguieff 1987, Al-Azmeh 1993). 이것의 역사는 매우 오래되었다. 그리스인들은 그리스어를 말하지 못하는 사람을 "야만인"으로 여겼다. 요컨대 이렇게나 오래된 개념이다. 다음으로 이것은 종교를 기반으로 불변의 문화적 차이라는 형식을 취하는데, 이는 신도와 비신도, 이교도, 이단자 등을 분리한다. 요한 고트프리트 헤르더(Johann Gottfried Herder) 같은 낭만주의자는 언어의 형태를 통해 강한 문화적 경계라는 생각을 되살려냈는데, 이는 국민성의 주요 항목이었다. 민족주의와 인종적 사고는 문화적 차별주의라는 특징이 있는데, 전자는 영토와 언어를, 후자는 생물학을 운명으로 간주한다. 국가와 인종은 오랫동안 쌍둥이였으며, 종종 서로 구분이 안 되는 담론을 구성했다. 민족주의 시기에 모든 국가는 "유대인다움", "독일인다움", "일본인다움", "영국인다움", "터키인다움", "그리스인다움" 기타 등등처럼 자기 국가만의 문화적 변별성뿐만 아니라 (대개는 인종적 용어로) 다른 국가의 열등성을 주장했다. 이 모든 것은 문화와 정체성에 대한 내향적 관점을 보여준다. 이는 또 근대에 창조된 신화들이며, 경계라는 문제를 공유한다. 누가 언제부터 여기에 속하는가?

문화적 차별주의는 문화적 다양성의 방어막 역할을 할 수 있다. 이것은 온갖 "개발업자들"의 강압에 저항하는 지역 집단들, 생태 네트워크, 인류학자들, 예술가들뿐만 아니라 지역의 진정성을 홍보하는 여행사와 광고회사들에 의해서 환기될 수 있다. 문화와 개발 영역에서 사람들을 점차 사로잡는 생각은 "문화는 자산으로 변화될 수 있다"는 것이다(Schech and Haggis 2000, Nederveen Pieterse 2001c: 5장). 이것은 "인간 모자이크"라는 생각을 떠오르게 한다. 이런 시각에서 괜찮은 점은 지역의 권능화(empowerment)일 것이다. 그리고 좋지 않은 점은 향수의 정치학이 될 수도 있다는 것인데, 이런 보수적 태도는 궁극적으로 야외박물관 홍보로 이어진다. 지역을 구체화하는 것이나 지역과 글로벌의 상호작용을 열외로 취급하는 것은 모두 다 환상이다. 인류학자 울프 한네르츠(Ulf Hannerz 1992)가 지적한 대로 모자이크라는 이미지에는 편견이 들어 있다. 왜냐하면 하나의 모자이크는 고정된 개별 조각들로 구성된 반면에 인간의 경험, 주장, 태도는 유동적이고 결말이 열려 있다. 따라서 비판인류학은 문화를 탈영토적인 시각에서 보려고 하며, 여기에는 흐름과 "여행 문화"가 속한다.

헌팅턴의 논지는 때로 동아시아와 동남아시아 사회의 공통된 자기인식인 "동도서기(東道西技)"와 맞지 않는데, 이는 동양과 서양의 연결선을 따라서 존재한다. 유교 윤리는 동아시아 국수주의를 함축할 뿐만 아니라 일종의 동서양의 연계를 대변한다. 왜냐하면 성리학은 자신을 "아시아 프로테스탄트 윤리"로 재해석해야 하는 책무를 지고 있기 때문이다. 유교는 동아시아 국가들의 침체 원인으로 지목되었다가, 20세기 말에는 "호랑이들"의 발전을 설명하는 근거가 되었다. 이 과정에서 성리학은 베버의 프로테스탄트 윤리의 논지에 따라 문화 횡단 번역을 통해 재코딩되었는데, 이 윤리는 "근대 자본주의 정신"으로 간주되었다. 유교 윤리는 싱가포르, 타이완, 중국 그리고 한국 등지에서 어느 정도 무게감을 자랑하지만, 일본에서는 덜하고, "아시아적 경로(Asian way)"의 옹호자들 사이에서는 거의 존재감이 없다. 말레이시아 총리인 마하티르(Mahathir Mohamad)는 "동방을 보라(Look East)"라는 프로그램을 옹호했다(Mahathir and Ishihara 1995). 인도네시아에서와 마찬가지로, 화교와 말레이시아 "본토 말레이인(bumiputra)" 사이의 긴장 때문에 말레이시아에서 이슬람-유교 동맹은 별로 가능할 법하지 않은 선택지이다.

헌팅턴은 "나머지(the Rest)"라는 표준화된 적의 이미지를 재생산하면서, 표준화된 서구의 자기 이미지를 반복 제시한다. "서구"는 식민주의자와 식민화된 세계라는 남북의 양극성, 자본주의와 공산주의 그리고 냉전이라는 동서 양극성 등과 같이 두 가지 역사적 양극성(polarities)에 의해서 좌우되거나 조건 지어진 개념이다. 이것들은 긴장의 최우선 영역이었는데, 남/서 **안**에서의 차이, 제국주의 국가들 **사이에서의** 차이, 자본주의 **안**에서의 차이를 뒷전으로 밀어버렸다. 미국의 주도 아래 외견상 "자유 세계", 신식민주의 국가들, 또는 제국주의자의 단결이라는 더 큰 이슈로 이를 잠재웠다. 팽창주의자의 역사 시각을 본다면 우리는 방향을 돌려서 서구의 국경도 피비린내가 난다고 이야기할 수 있다. 따라서 헌팅턴은 오리엔탈리즘과 옥시덴탈리즘(동양의 관점에서 동양과 구별되고 대립되는 서양에 관한 왜곡되고 고정된 이미지나 편견을 형성하는 인식이나 태도—옮긴이)을 함께 실천하고 있는 것이다. "서구"를 재소환하면서 북미와 유럽의 차이를 미봉책으로 가리고 있다. 실제로 역사를 검토해보면 유럽과 아시아 사이에는 유럽과 북미 이상으로 더 큰 친연성이 있는데, 특히 유사한 봉건 역사와 자본주의 특성으로 인해 초래된 결과들이 그러하다.[2]

비교정치학자로서 헌팅턴의 역량은 보통인데, 그는(1991) 전 세계적 민주화의 "제3의 물결"을 목도했다. 담론의 이런 차원에서 문명적 차이는 분명 줄어들고 있다. 헌팅턴은 이런 영역에서 수렴이라는 익숙한 논지를 펼치고 있다. 즉 "가장 진보한 나라"라는 모델 둘레에 세계적으로 점차 증가하는 표준화라는 흔한 근대화 패러다임을 배치하고 있는데, 이는 자유민주주의의 보편적 승리를 설파한 프랜시스 후쿠야마(Francis Fukuyama)의 주장과 일치한다.

맥도널드화

최근에 나타난 맥도널드화라는 논지에는 다국적기업의 영향으로 전 세계 사회들이 동질화되고 있다는 생각이 담겨 있다. 사회학자 조지 리처(George Ritzer)에 따르면, 맥도널드화는 "패스트푸드 레스토랑의 원칙들이 미국뿐만 아니라 세계의 나머지 사회를 점점 더 주도하고 있는 과정"이다 (1993: 19). "세계의 나머지"라는 표현은 심사숙고할 필요가 있다. 베버 식 의미에 따르면, 이 과정은 합리화인데, 규칙과 규정들에 내장된 공식적 합리성을 말한다. 맥도널드 공식은 성공적이다. 왜냐하면 효율적이고(빠른 서비스), 산정 가능하고(빠르고 저렴함), 예측 가능하고(전혀 놀랍지 않다), 종업원의 노동과 고객들을 통제한다.

맥도널드화는 주제의 변형이다. 다시 말해 보편주의라는 고전적 주제와 이것의 근대적 형식인 근대화 그리고 자본주의적 관계들의 세계적 확산을 말한다. 만일 문화 전파가 이집트처럼 단일한 중심에서 확산되었다면 전파론은 이러한 의식 구조의 일반적 형식일 것이다. 1950년대 이후로 이는 미국화(Americanization) 형식을 따라서 이루어졌다. 1960년대부터는 다국적기업들이 미국식 근대화의 첨병으로 인식되었다. 1970년대 라틴아메리카에서는 이 영향이 코카콜로니제이션(Coca-Colonization: 코카콜라와 같은 미국의 대중문화 상품으로 미국 문화가 지구화되는 현상을 말한다—옮긴이)으로 알려졌다. 이는 문화제국주의라는 주제의 변형으로 세계적 미디어의 영향을 받았으며 소비지상 보편주의(consumerist universalism) 형식을 취했다. 이런 생각들은 미디어 연구에서 두드러지는데, 이에 따르면 미국 미디어 영향은 전 세계적으로 문화적 동기화(synchronization)를 초래하고 있다(이를테면 Schiller 1989, Hamelink 1983, 비판적 견해는 Morley 1994).

근대화와 미국화는 서구화의 최신 버전이다. 만약 식민주의가 유럽화를 끌어냈다면, 미국이 주도하는 신식민주의는 미국화를 끌어냈다. 마르크스와 베버는 근대화와 관련해서 공통점이 있는 가장 영향력 있는 사상가이다. 마르크스의 논지는 자본주의의 세계적 확산이었다. 세계체제론은 이런 관점의 현재적 판본이다. 베버는 관료화 형식을 통한 합리화와 다른 합리적 사회 기술을 강조했다. 이 두 가지 시각은 진화주의의 일반적 틀 안에 존재하는데, 이는 모든 사회가—일부 사회는 더 빠르게 진보한다—진화한다는 보편적 진화 과정이라는 단일 트랙을 카리킨다. 보편적 진보라는 비전은 제국주의 세계에 이득을 가져다주었다. 이런 사고의 20세기 버전은 샤르댕이 제기한 인간생활권(noosphere)을 향한 진화적 수렴이다.

탤벗(Shannon Peters Talbott 1995)은 모스크바에 있는 맥도널드의 민족지 조사를 통해 맥도널드화를 검토했는데, 기존 주장이 모든 면에서 부정확하다는 점을 밝혀냈다. 효율성과는 거리가 먼 현상이 나타나는데, 몇 시간 줄을 서서 기다리거나 지체하는 것은 흔한 일이다. 맥도널드 식사 비용은 저렴하긴커녕 러시아 노동자 하루 평균 임금의 3분의 1이 넘었다. 예측 가능성이 아닌, 차이와 독특함이 러시아 고객을 사로잡았으며, 많은 표준 메뉴 품목들은 모스크바에서 제공되지 않았다. 획일적인 관리 통제 대신에 모스크바의 맥도널드는 "특별한 재미 유발(extra fun motivation)", 빠른 서비스 경쟁, 근로자들이 가족과 함께 식사하는 시간과 같은 변형된 노동 통제 방식을 도입했고, 손님들이 종종 차 한 잔을 한 시간 이상 마실 수 있도록, 즉 "분위기를 받아들이게" 함으로써 고객을 통제하는 방식도 바꾸었다.

그녀는 모스크바의 맥도널드가 문화적 동질화를 재현하는 것이 아니며 이는 **글로벌 로컬라이제이션**(global localization) 차원에서 이해되어야 한다고 결론지었다. 이는 기업들이 "세계적 상품(world products)"을 내놓으려 할 때, 자신들이 어느 정도 지역 문화와 시장에 적응할 때만 성공을 거둔다는 연구 결론과 일치한다. 이 기업들은 내부자가 되어야 하며, 이것이 내부자화(insiderization)의 원칙이다. 후에 소니의 회장인 아키오 모리타는 "글로컬라이제이션" 또는 "양쪽 모두 고려하기(looking in both directions)"라는 용어를 만들어냈다(Ohmae 1992: 93). 회사는 다국적일 수 있지만 "모든 비즈니스는 지역적이다."

국제적 광고회사인 매캔 에릭슨(McCann Erickson)의 트리니다드 지점은 지역의 지명도가 높아지면 트리니다드 문화의 독특함도 널리 알려지리라고 보았지만, 이는 예상과 다른 결과를 초래했다. "역설은 물론, 그것인데 …… 이것은 초국가적 대행사들이 관여한 광고인데 (만일 트리니다드가 독특하고, 주민들에게 이런 믿음을 심어줄 생각이 아니라면) 이들은 고유한 지역성을 보존하고 홍보하는 주요 투자자가 된다"(Miller 1995: 9). 초국가적 기업의 수익성은 지점의 수익성에 달려 있는데, 지점은 지역 광고만이 팔린다는 것을 설득하는 데 관심을 기울이고 있었다.

지금까지 서술한 것은 단지 기업의 관점만을 고려한 것이다. 글로벌 로컬라이제이션의 또 다른 측면은 고객의 태도이다. 모스크바의 맥도널드 경험은 예를 들어 동아시아의 경우와 비교된다(Watson 1997). 여기의 패스트푸드 식당들은 겉으로는 미국과 같아 보이지만 매우 다른 맛과 수요를 제공한다. 이들은 저가의 정크 푸드가 아니라 중산층의 메뉴를 제공한다. 이들은 중산층의 현대적 "미학"을 찾기 위해 노력하며, 음식의 통일성보다는 변형을 높게 평가한다. 이들은 중국의 "칭글리시(Chinglish: 중국어와 영어의 합성어—옮긴이)" 또는 "차메리칸(Chamerican)" 식당처럼 "퓨전" 음식을 만들어낸다. 이들은 청소년, 직장 여성, 중산층 가족과 같은 새로운 소비자를 위해 만남의 장소와 같은 공공 공간을 제공하는데, 이것은 새롭기 때문에 문화적 의미에서 보면 중립적이다. 이들은 남부 유럽과 중동에서도 유사한 방식으로 기능한다. 쌀쌀한 날에 도쿄의 웬디스 2층에서는 학생들은 숙제를 하거나 담배를 피우고, 친구들과 잡담을 하며 몇 시간을 보내는데, 이는 일본의 주택들이 작기 때문이다.

따라서 맥도널드와 버거킹, KFC, 피자헛, 웬디스 등 서구의 가족 패스트푸드 식당들은 문화적 동질화보다는 차별성과 다양성을 선보이고 있으며, 새롭게 혼합된 사회적 형태들을 만들거나 반영한다. 이들이 일단 수입되면, 원래 장소와는 다른 경제적·사회적·문화적 기능들을 제공하는데, 이들의 공식은 현지 환경에 적응하는 것이다. 서구의 대도시에서, 우리는 현재 라틴, 중동, 터키, 그리고 프랑스 풍의 식당 이외에 동양의 패스트푸드 식당과 체인점들도 볼 수 있다. 패스트푸드는 서양 이외의 지역에서 유래했을지도 모르며, 중동, 아시아, 아프리카의 거리 노점이 기원일지도 모른다. 미국의 패스트푸드 식당들은 미국 경영 스타일대로 햄버거나 프랑크푸르트 소시지 등의 독일 음식을 프랑스 식 감자튀김이나 드레싱과 함께 팔거나, 피자와 같은 이탈리아 음식을 판다. 미국이 기여한

바는 케첩뿐만 아니라 미국 테일러주의자들의 생산라인 표준화와 미국식 경영 전통, 마케팅에서도 찾을 수 있다. 따라서 맥도널드화는 이 문화의 원천에서 한 부분을, 현재의 글로벌 현지화의 다양성에서 다른 부분을 취한 문화 혼종의 한 형태로 보아야 이치에 맞다.

맥도널드화는 저항을 강화하고, 광범위한 논쟁을 촉발시켰다(Alfino et al. 1998, Smart 1999). 본국에서 맥도널드는 정점을 치고 내려왔으며, 배당은 감소하고, 체인점들은 문을 닫고 있다. 국가적 질병인 비만과 식습관의 변화, 패스트푸드 시장의 포화 상태, 반감 그리고 소송이 쇠락의 원인이다. 이는 "합리화"를 넘어 변화한 현재 자본주의로 우리를 인도한다. 현재 자본주의가 동질화의 원동력인가? 일련의 연구자들이 후기자본주의를 조사했는데, 종종 세계체제론에 기반을 둔 사고나(Wallerstein 1990) 어휘에 의해 문제가 구조화되고 있다(King 1991). 노동, 서비스 그리고 정보의 상품화는, 우울한 용어들이 속속 만들어지는 가운데, 매우 복잡한 양상을 보인다. 맥직업(McJobs), 맥정보(McInformation), 맥시민(McCitizens), 맥대학(McUniversity), 맥관광(McTourism), 맥문화(McCulture), 맥감옥(McPrisons), 맥법(McCourts) (Gottdiener 2000, Ritzer 2002, Stojkovic et al. 1999). 어떤 연구는 "초국가적 자본주의가 세계체제를 전체화하는 경향이 있다는 담론에 개입"하려고 노력했다(Lowe and Lloyd 1997: 15). 하지만 이 과정에서 "자본주의는 세계적 동질화가 아니라 노동시장, 물적 자원, 소비시장 그리고 생산 운영 방식의 차별화를 통해 진전된다"(13). 경제학자인 마이클 스토퍼(Michael Storper)는 세계적으로 동질화와 다양화가 결합된 효과를 밝혀낸다.

> (미국 도시보다 작은) 이런 장소들에서의 '진정한' 지역문화 상실은 가슴 아픈 일이다. 다른 한편으로 이런 장소에 살고 있는 주민에게는 〔또는 파리, 콜럼버스, 또는 벨루오리존치(Belo Horizonte: 브라질 동남 지방 미나스제라이스 주의 주도이다—옮긴이)의 주민들과 마찬가지로〕 어떤 내용, 서비스, 문화적 결과물이 확연히 다양해진다. 요컨대, 다양성 상실에 대한 인식은 확실한 영역 재설계에 기인하는 것으로 보인다. 내적으로 더 동질적인 장소들로 구성된 세계를 여행하면 물질문화가 매우 다른 다양성이 발견된다. 재설계란, 지역성이 내적으로 더 동질적인 세계에서 더 비슷하지만 내부에서 증가하는 다양성을 발견하게 되는 세계로 나아가는 것이다.(Storper 2001: 114-115)

자본주의와 문화에 대한 대부분의 연구는 다양하고 혼종적인 결과를 발견했다.[3] 이는 자본주의에 통상 예상하는 것보다 더 많은 다양성이 내장돼 있음을 암시한다. 따라서 여러 개의 자본주의들을 분석 대상으로 삼아야 적절할 것이며, 이들의 문화적 교차점들은 일반적으로 추정하는 것보다 더 다양할 것이다. 자본주의의 리좀(rhizome)은 문화의 리좀과 쌍둥이이기 때문에 우리는 혼종화라는 주제를 다루어야 한다.

혼종화: 문화의 리좀

혼합은 영원한 과정이지만, 상상계처럼 새로운 것이기도 하다. 이는 이전의 두 가지 패러다임과는 본질적으로 완전히 다른 시각이다. 오래된 원리 위에서 만들어지지 않았고 새로운 창을 연다. 또한 다른 두 가지 패러다임으로부터 근본적으로 배제된 것이다. 새로운 시각은 인종 사고(race thinking)라는 금기시된 영역에서 출발하는데, 인종 사고는 인종적 순수성과 문화적 통합주의(integrism)라는 교리를 가리키며, 여기에는 혼혈인(half-caste), 잡종(mixed-breed), 혼혈(métis)과 같이 존재 자체를 도저히 인정할 수 없는 것이 들어 있다. 만일 이것이 전적으로 받아들여진다면 이른바 새로운 시각은 악마의 용어로 주조된다. 19세기에 인종 사고는 혼합(mixing)을 혐오했는데, 고비노(Comte de Gobineau 1816~1882: 프랑스의 사상가, 작가, 외교관. 여러 나라를 여행하고, 아리아 인종, 특히 게르만 인종의 우수성을 주창했다. 이런 사고는 나치스를 비롯한 정치민족학에 이용되었다—옮긴이)를 비롯한 사람들은 모든 혼합에서 "더 낮은(lower: 열등한—옮긴이)" 요소가 우세할 수도 있다고 보았기 때문이다. 혼합에 대한 생각은 힘과 신성함, 고대와 고전 담론에서 발견되는 **순수성** 교리들에 반대하며, 현대적으로 생물학화된 버전인 "인종 과학"과 인종주의 교리에도 반대한다.

혼종화는 인종주의와 민족주의 교리가 자행하는 문화적 차별주의에 대한 해독제이다. 문화적 차별주의에서는 이미 사라지고, 주변화되고, 금기시된 경험이 있는데, 혼종화는 정확하게 여기서 출발하기 때문이다. 이는 또한 민족주의를 전복시키는데, 국경 횡단에 특전을 베풀기 때문이다. 또한 종족 순수성이나 진정성을 주장하는 정체성 정치도 전복하는데, 이는 경계들이 흐릿하다는 지점에서 출발하기 때문이다. 만일 모더니티가 질서 정신과 촘촘한 경계들이 정돈된 분리의 편을 든다면, 혼종화는 잘라 붙이기(cut'n'mix), 위반(transgression), 전복(subversion) 같은 포스트모던 감수성을 반영한다. 푸코의 용어로 하면 "예속된 지식의 부활(resurrection of subjugated knowledges)"을 재현하는데, 왜냐하면 혼종화는 이런 종류의 영향과 경험을 전면에 내세우기 때문이다. 하지만 근대 이성주의적 우주론 또는 낭만주의적 우주론들은 이런 영향과 경험을 용납하려고 하지 않는다.

혼종화는 혼합주의, 크레올화(creolization), 메티사지(métis-sage), 메스티사헤(mestizaje), 크로스오버(crossover)와도 상통한다. 관련된 개념들로는 글로벌 에쿠메네(ecumene: 이 개념은 과거와 현재, 그리고 미래에 걸쳐 지구상의 모든 존재들이 살아가는 거주 공간을 뜻한다—옮긴이), 글로벌 로컬라이제이션 그리고 지역 지구화(local globalization) 등이 있다. 다음 두 장에서 이런 관점을 발전시키고 혼종성을 반대하는 몇 가지 입장도 설명할 것이다. 혼종화는 요소들의 혼합과 이 과정에서 나타나는 비균질성과 비대칭성을 은폐할 수도 있다. 혼합의 상이한 시간, 패턴, 유형 그리고 스타일을 구분할 필요가 있다. 혼합은 다른 문화적 환경에서는 다른 의미를 띠고 있기 때문이다.

혼종화는 당연히 사회들 **내의** 문화적 요소들과 영역들 사이에서 발생한다. 일본에서는 "기모노 입은 할머니들이 은행의 현금인출기에 감사의 절을 한다. 젊은 커플은 로맨틱한 저녁을 보내기 위해 휴대용 컴퓨터 게임을 하고 논다"(Greenfeld 1994: 230). 그렇다면 문화적 스타일로서의 혼종화는 전형적인 도시 현상, 즉 도시화와 산업화의 결과인가? 전 세계 시골 어디를 보더라도 우리는 문화적 혼합의 흔적을 발견할 수 있다. 즉 심은 작물, 재배 방법, 농업 기술, 사용된 도구와 파종, 비료, 관개 방법, 신용거래 등은 통상 다른 지역에서 유래한 것이다. 전 세계 농부와 소작인은 세계적 상품 가격 등락과 직간접으로 연결되어 있는데, 이는 이들 경제와 의사결정에 영향을 끼친다. 농업 생태들은 지역적일지 모르지만 문화적 자원들은 지역을 넘어선다. 농업은 지구화가 실현되는 주된 현장이다(Richards 1996, Goodman and Watts 1997).

혼종화에 대한 흥미로운 반대 주장은 실제로 혼합되는 것이 문화적 **문법**(grammars)이라기보다는 **언어**(languages)라는 것이다. 구분선은 표층과 심연에 자리 잡은 문화 요소들 사이에서 흐른다. 음식, 의상, 패션, 소비 습관, 예술과 공예, 오락, 치유 방법 같은 문화의 표층적·민속적 요소는 여행을 한다. 반면에 문화의 구조적 앙상블로서 심층적 태도와 가치관은 문화적 요소들을 일관되게 하며, 맥락에 맞게 묶어주는 역할을 한다. 이런 주장에는 몇 가지 의미가 있다. 현재의 "행성화(planetarization: 인간은 우주의 축소판이며, 물질적 유기체, 국적 등을 초월해서 존재한다는 믿음. 정신과 물질이 하나 되어 새롭고 위대하며 창의성 넘치는 미래로 나아간다고 본다—옮긴이)"는 표층적 현상일 따름인데, "내심의(deep down)" 인간성이 역사적으로 형성된 문화적 클러스터에 나뉘어서 남아 있기 때문이다. 하지만 제트 여객기부터 전자 미디어에 이르기까지의 새로운 사회적 텔레커뮤니케이션 기술도 단지 표층적 현상일 따름이고, 심층적 태도에 영향을 끼치지 않는다는 말인가? 만일 그렇다면 이 함의는 너무나 보수적이다. 중도 입장에 따르면 신기술 자체가 심대한 영향을 끼치며, 각기 역사적으로 틀지워진 문화는 공통성의 새로운 공간 위에서 발전하고 있다.

또 다른 문제는 이주민과 정착 사회인데, 여기서는 시간이 지나면서 섞임이 문화적 언어뿐만 아니라 문화적 문법에도 많이 관여해서, 커다란 역사적 탄력성을 보여준다. 주된 사례는 북미이다. 아마도 미국 대중문화의 심오하고 특이한 매력 중 일부는 혼합되고, "여행하는" 특성인데, 이것의 "자유분방한" 가벼움은 과거의 봉건적 습속을 떨어낸 것이다. 이런 문화에서는 다중 문화의 문법들이 섞이고, 이런 문화 간의 밀도(density)는 미국 매스미디어, 음악, 영화, 텔레비전의 숨은 매력이기도 하다. 여기서는 우연한 만남과 충돌이 나타나지만, 이는 종족, 역사, 문화 들에 친숙한 경험이다. 미국의 내러티브들은 문화적 문법들을 섞음으로써 깊은 인간적 호소력을 발휘하는데, 이것의 세속적 특성, 즉 재포장 요소들은 낭만주의 드라마인 영화 〈미시시피 마살라(Mississippi Massala)〉처럼 다른 해안에서 유래한 것이다.

문화 간 섞임 자체는 지구화가 더욱 빠르게 진행되는 현재뿐만 아니라 멀리 거슬러 올라갈 때에도 매우 창조적인 과정이었다. 하메링크(Cees Hamelink 1940~: 네덜란드 학자로 커뮤니케이션, 문화 그리고 테크놀로지를 연구한다—옮긴이)는 "가장 풍부한 문화 전통들은 현저하게 다른 문화들이 만나는 지점인 수단, 아테네, 인더스 계곡 그리고 멕시코 등지에서 출현했다"고 주

표 3.1 문화적 차이를 보는 세 가지 방식

차원들	차별주의	수렴	혼합
우주론	순수성	발산	종합
분석론	영토적 문화	문화적 중심들과 전파	트랜스로컬 문화
혈통	언어, 종교, 지역적 차이, 카스트	제국주의적이고 종교적인 보편주의. 고대의 '중도주의'	테크놀로지, 언어, 종교의 문화적 혼합
근대	낭만적 차별주의, 인종 사고, 국수주의, 문화적 상대주의	이성주의자 보편주의. 진화주의. 근대화. 코카콜로니제이션	메티사지, 혼종화, 크레올화 혼합주의
현재	"문명의 충돌" 인종 청소. 종족 발전	맥도널드화, 디즈니화, 바비화(Barbiefication), 동질화	문화, 문화적 흐름, 크로스오버, 분절과 혼합에 대한 포스트모던적 관점
미래	불변적이고 서로 다른 문화들과 문명들의 모자이크	글로벌 문화의 동질성	진행 중인 열린 혼합

장했다(1983: 4). 이 생각은 언어/문법 주장에 새로운 빛을 던지고 있다. 아마도 몇몇 문법들은 줄곧 섞여왔을 것이다. 따라서 부족과 민족 종교들과 달리 세계 종교들은 문화적 문법들을 혼합함으로써 일부 고유한 의미를 창출했다. 문화적 언어와 문법을 앞으로도 구분할 수 있는가라는 질문은 표층과 심층의 구분보다 더 본질적이다. 우리는 몇몇 영역이 표층보다 더 깊지 못하다는 사실을 확실하게 알고 있다. 미학과 예술에서 이를 배웠다. 따라서 표층적 섞임에는 깊은 의미가 함축돼 있을지 모른다. 심지어 우리는 문화를 "상상된 커뮤니티들"의 영토적 묶음으로 생각하도록 훈련되었기 때문에 창문을 열고 혼종화에 의해 제기된 질문들을 진지하게

이야기하기 위해서는 실제로 상상력를 탈식민화해야 한다.

표 3.1은 문화적 차이에 대한 세 가지 패러다임을 정리한 것이다.

미래들

이런 세 가지 패러다임에 의해 환기된 미래들은 극적으로 다르다. 맥도널드화는 승리에 도취된 미국화와 세계 차원의 "철장(iron cage)"에 대한 우울한 이미지 그리고 세계적인 문화적 각성을 모두 환기시킨다. 마찬가지로 문명의 충돌은 철의 세계라는 지평을 열어주는데, 이는 문화적 분할이라는 매우 염세적인 정치학이며, 저주이고, 인간성을 지속적인 갈등과 경쟁으로 몰아간다. 다시 말해 형언할 수 없는 차이를 가진 군도 같은 세계, 전쟁의 대화나 다름없는 인간의 대화, 영속적인 전장인 글로벌 에쿠메네를 낳는다. 정치학자인 벤저민 바버(Benjamin Barber)는 《지하드 대 맥월드(Jihad vs. McWorld)》(1995)라는 저서에서 제3의 선택인 혼합이 존재하지 않는 이 두 가지 시각의 충돌을 보여주고 있다. 혼합 또는 혼종화는 이론과 마찬가지로 경험의 차원에서도 결말이 열려 있다. 이것의 새로운 점은 시간이 지나면서 향후 결과를 예측할 수 없다는 데 있다. 왜냐하면 이는 현존하는 매트릭스나 기성 패러다임과는 맞아들어가지 않으며, 이것 자체가 패러다임의 이동을 뜻하기 때문이다.

개별 패러다임은 각기 다른 다문화주의 정치학을 재현한다. 문화적 차별주의는 폐쇄와 인종차별 정책으로 번역된다. 만일 외부인들의 진입이 허락되더라도 이들은 우선 좀 떨어진 게토, 보호구역 또는 수용소에서 살게 될 것이다. 문화적 커뮤니티들은 식민지의 "다원 사회"에서처럼 잘 분리된 상태로 유지될 것이며, 여기서 커뮤니티들은 시장을 제외하고는 혼합이 예정돼 있지 않거나 외인 출입금지 주택단지(gated communities)처럼 서로 분리된 상태로 존재할 것이다. 문화적 수렴은 동화 정치로 번역되는데, 주도 집단이 문화적 센터로서 중심이 된다. 문화적 혼합은 문화 정체성을 포기할 필요가 없는 통합 정치를 가리키는데, 공동 거주지는 차이의 문화 횡단적 패턴을 만들어낼 것으로 기대된다. 이것이 현재 진행 중인 혼합의 미래이며, 이는 새로운 공통성과 차이들을 지속적으로 창출해낸다.

좀더 깊은 층위에서 본다면, 각 패러다임은 특정한 감수성과 우주론과 공조한다. 카스트 제도에서의 제의적 순수성과 마찬가지로 차별주의 패러다임은 **순수성**의 원칙을 추종한다. 재정복(그리스도인들의 이베리아 반도 재정복—옮긴이) 이후 에스파냐에서 **피의 순수성**(limpieza de sangre)과 귀족들의 혈통에 대한 집착은 나중에 "인종"과 계급에 대한 사고로 번역되었다(Nederveen Pieterse 1989: chaper 11). 수렴의 패러다임은 **발산**(emanation) 이론을 추종하는데, 이에 따르면 현상은 존재들의 궁극적이고 신비한 영역이 밖으로 표현된 것이다. 영지주의(Gnosticism: 영지주의에 따르면 진정한 신은 자기의 의지대로 세상을 좌지우지하는 지배자가 아닌, 모든 존재의 근원으로서 순수의식이자 시간과 공간을 넘어선 존재의 원천이다—옮긴이)에서처럼, 이것의 신성한 버전에는 영적 힘의 중심에서 외부로 발산한다는 신학과 우주론이 반영된다. 발산, 보급 그리고 갈라짐의 사이클 이후에는 "집합(in-gathering)"의 사이클 또는 수렴의 과정이 존재한다. 이런 우주론의 일시적 반영은 고대 제국 체제에서 발견할 수 있는데, 여기서 제국은 세상의 둘레이고, 황제는 이것의 중심이다. 이집트 파라오와 중국의 황제, 그리고 로마제국 황제는 모두 다 세상의 중심이었다. 그리고 왕위의 신성함은 왕이 자신의 백성과 영토를 체현한 존재라는 관념에서 온다. 서구의 제국주의와 이것의 **문명화 사명**(mission civilisatrice) 또는 백인의 책무는 이런 시각의 또 다른 변형이었다. 탈식민화 이후, 제국의 중심에서 외부로 뻗어나가는 방사의 원리는 기존 구조를 존속시켰지만, 이제 부정적인 의미를 띠게 되었다. 이는 종속이론 그리고 문화제국주의와 유럽중심주의 비판에서도 마찬가지이다.

제3의 시각은 종합으로서 이런 양극단의 시각들 사이에서 용매(solvent)로 작용한다. 보통 이 시각은 앞선 두 가지 원칙에 힘입어서 만들어졌으며, 이들과의 관계에서만 의미를 가진다. 이는 순수성과 발산, 지역과 글로벌 사이의 긴장을 변증법적으로 해결하는데, 이에 따르면 지역들은 글로벌 안에 있고, 글로벌은 지역 안에 있다. 이런 종합적 움직임이 작동하는 사례를 크리스마스에서 발견할 수 있다. "이 축제는 지구화의 본보기가 될 수 있는 잠재력이 있는데, 이는 혼합주의라는 특질에서 유래한다. 혼합주의는 개별 장소에서 특정한 관습들과 전통들에 정당성을 부여하고 보호자 역할을 하는 지역주의에 승리를 안기고 있다"(Miller 1993: 25).[4]

각 패러다임은 **지구화**에 대해 서로 다른 태도를 보인다. 문화적 차별주의에 따르면, 지구화는 단지 표층적 현상이다. 즉 진정한 원동력은 지역화 또는 지역적 블록의 형성인데, 이는 문명적 클러스터들과 상응하는 경향이 있다. 따라서 지구화의 미래는 지역 간의 경쟁이다. 수렴 원리에 따르면, 현재의 지구화는 뚜렷한 서구화 또는 미국화이며, 고전적 제국과 근대화 논지의 할부금을 납입하는 것이다. 혼합적 접근방식에 의하면, 지구화 과정의 결과는 열려 있고, 현재의 지구화는 서구화만큼이나 동방화되는 과정이며, 다자가 서로 영향을 주고받는 과정이기도 하다.

처음에 이야기한 두 가지가 충돌하는 경향, 즉 문화적 차이와 지구화에 대한 자각의 증대가 단순한 모순이 아니라 상호 의존적 현상이라는 점이 마침내 드러났다. 문화적 차이에 대한 자각의 증대는 지구화의 기능이다. 증가하는 문화 횡단적 커뮤니케이션, 이동성, 이주, 교역, 투자, 관광 등으로 인해 문화적 차이를 자각하게 된다. 차이의 정치학의 또 다른 측면은 인정 추구(striving)인데, 여기에는 평등, 평등한 권리, 동등한 대우에 대한 요구가 담겨 있다. 다른 말로 하면 **차이의 공동 우주**(a common universe of difference)에 대한 요구이다. 이에 따라 문화적 다양성과 지구화의 충돌은 창조적인 충돌로 간주될 수 있다.

이런 견해들은 각자의 틀 안에서 지지자들을 끌어들이며, 이들의 논쟁은 모든 영역에서 메아리치고 있다. 이론의 여지 없이, 문화적 자기 이해와 경험에 따른 증거는 제3의 시각이 다른 두 개의 시각보다 더 유효하다는 점을 확인해준다. 아시아 대부분의 지역에서 동서양 융합의 아이디어는 지배적인 동기로 작용한다. 아프리카에서는 현지와 외국의 실천을 재

조합한다는 생각을 흔히 발견할 수 있다. 라틴아메리카와 카리브해 지역에서는 혼합주의와 크레올화가 빠르게 진행되고 있다. 하지만 다른 패러다임이 깊은 자국을 남겼기 때문에 정체성과 의미를 둘러싼 논쟁은 어디에나 편재하며, 혼종성의 의미와 역동성에 대해서도 의견 일치를 보지 못한다. 다음 두 장에서는 혼종성에 대한 주제를 발전시킬 텐데, 이는 문화적 차이를 이해하는 데 중요한 출발점이다.

4

혼종화로서 지구화

지구화에 관한 가장 일반적인 해석들에 의하면 세계는 서구에서 발산하는 기술적, 상업적, 문화적 일치를 통해 더욱 균일하게 표준화된다. 또한 지구화는 모더니티와 밀접하게 연결되어 있다. 이 두 관점은 모두 서구화(westernization)로서의 지구화라는 근원적 주제의 변이인 한 서로 분리할 수 없다. 다만 전자의 이미지는 정밀하지만 후자는 불분명하다. 이들 해석은 지구화를 협소하게 평가했다. 하지만 필자는 지구화를 세계적 뒤범벅을 탄생시키는 혼종화 과정이라고 주장한다.

다원적 지구화들

앨브로에 따르면, 지구화는 "세계인들이 글로벌 소사이어티라는 단일한 세계 사회로 통합되는 모든 과정을 지칭한다"(1990: 9). 이러한 과정은 다원적이기에 우리는 지구화를 다원적으로 이해하는 것이 좋다. 마찬가지로 사회과학에서는 분과학문의 개수만큼 수많은 지구화 개념이 존재한다. 경제학에서 지구화는 경제적 국제화와 자본주의적 시장 관계의 확산으로 설명된다. "글로벌 경제는 지구화하는 생산과 전 지구적 자산이 만들어내는 시스템이다(Cox 1992: 30)." 국제 관계에서는 국가 간(interstate) 관계들의 밀도 증가와 글로벌 정치 발전에 초점을 둔다. 사회학에서는 세계적인 사회 밀도 증가 혹은 "세계 사회"의 출현에 관심을 기울인다. 문화 연구에서는 코카콜로니제이션과 맥도널드화 같은 전 지구적 소통과 세계 문화의 표준화 및 포스트식민(postcolonial) 문화가 중심을 이룬다. 역사학의 관심은 "전 지구사(global history)"(Mazlish and Buultjens 1993)를 개념화하는 데 있다. 모든 주요한 사회적 과정들처럼 지구화를 존재의 다층적 영역에서 동시에 펼쳐지는 다차원적 과정으로 간주하는 한 이 **모든** 접근 방식들과 주제들은 상호 관련되어 있다. 요컨대 지구화 담론은 여러 학문적 접근이 자유롭게 어우러지고 종합에 이르는 과정으로 이해할 수 있다. 이러한 과정은 사회과학을 넘어 생태학적 관심, 기술, 농경법 등으로 확장된다. 지구화를 다원적으로 이해하는 또 다른 방식은 지구화의 동인과 역학 혹은 충동만큼 지구화의 양식들 역시 다양하게 존재한다는 사실과 관련이 있다. 역사적으로 이러한 것들은 문화 간 원거리 교역, 종교 단체, 지식 네트워크에서 오늘날의 다국적기업, 은행, 국제기구, 기술 교류, 초국가적 사회운동 네트워크에 이르기까지 다양하다. 나아가 인권의 기준을 지구화하려는 국제사면위원회의 경우처럼 정책 및 프로젝트로서의 지구화가 존재하는 반면 에이즈의 "전 지구적 공포" 같은 의도치 않은 결과 역시 지구화로 인한 것이다. **글로벌리즘**(globalism)은 (특정한 양식의) 지구화를 촉진하거나 관리하는 정책이다. 정치경제학에서는 경제적 국제화를 촉진하는 정책이나, 초국가적 기업체들의 집합적 글로벌리즘을 의미한다. 국제 관계에서는 미국 외교 정책의—초기 전후 태도(Ambrose 1971)와 냉전 이후 입장에서—전 지구적 입장을 지칭한다. 이러한 여러 차원은 모두 지구화들의 본래적인 유동성, 불확정성, 비목적성을 가리킨다. 이러한 특징을 출발점으로 삼으면 지구화를 표준화 관점에서 사고하기는 힘들어지며, 지구화들이 구조적 문화적으로 단방향적 과정이 될 개연성 역시 줄어든다.

지구화와 모더니티

사회학에서 모더니티는 지구화를 고찰하는 데 핵심 역할을 한다. 눈에 띄는 일부 개념화들에서 지구화는 모더니티의 당연한 결과로 나타난다(이를테면 Giddens 1990).[1] 이러한 경향을 이해하기 어려운 것은 아니다. 모더니티는 지구화와 병행하는 가운데 구조와 시대 구분을 제시한다. 나아가 이에 기반하여 위르겐 하버마스(Jürgen Habermas)에서 마셜 버먼(Marshall Berman)에 이르는 논자들은 모더니티가 사회과학 분야에서 보통 어떤 식으로 주제화되는가를 말해준다. 오늘날 지구화와 모더니티는 이미 구성된(ready-made) 패키지를 형성한다. 이미 구성되었다는 것은 세계시장의 확산에 대한 마르크스주의적 주제처럼 지구화에 관한 잘 정착된 이전의 개념화를 매우 닮았다는 뜻이다. 이 두 가지 해석에서 시기와 속도는 동일하게 드러난다. 즉 이 과정은 1500년대에 시작하여 19세기 후반 이후 절정에 이른다. 모더니티의 매개체—혹은 마르크스주의적 패러다임에서 세계시장 확산의 필연적 결과—라 할 수 있는 국민국가(nation state)와 개인화 같은 관련 구조들 역시 동일하다. 어떤 면에서 보편주의는 시장의 논리와 가치의 법칙을 따르며, 또 다른 면에서는 성취에 관한 근대적 가치들에 기초한다. 세계체제론은 마르크스주의적 계보에서 지구화에 관한 가장 잘 알려진 개념화이다. 세계체제론의 업적은 "사회"를 분석 단위로 삼은 시각이 옹색해 보이게 만든 것이다. 다른 한편으로는 마르크스주의적 결정론이라는 통속적 제약을 충실히 반복한다(Nederveen Pieterse 1987).

모더니티/지구화(의 결합)와 관련된 문제점들은 다양하게 나타난다. 자본주의와 모더니티 중 어느 쪽에 중심을 두든 이를 개념화할 때 지구화는 유럽과 서구에서 시작하고 발산하게 된다. 사실상, 또 다른 서구화 이론으로서, 역사적·문화적으로 세계에 대한 편협한 이해를 드러낸 유럽중심주의가 연상시키는 모든 문제점을 되풀이하게 된다. 이러한 점을 염두에 둔다면 이는 지구화가 아니라 서구화로 불려야 한다. 또 다른 문제는 지구화 이론이 근대화 이론에 부수적인 것이 되어간다는 점이다. 사회학과 개발 이론에서 과거지사로 인식된다 하더라도 지구화라는 미명 아래 근대화 이론은 재조명받고 있다. 거대한 지구화의 영향 아래 1950년대와 1960년대가 다시 찾아왔다. 로버트슨은 기든스의 작업(1992: 138-145)에서 모더니티의 시기 구분을 문제 삼는다. 사회문화적 과정들을 강조함으로써 로버트슨은 지구화에 다차원적으로 접근한다. 하지만 "전 지구적 질서"와 같은 주제들에 몰두함으로써, 아나슨에 따르면 "인위적으로 분리되고 통합된 사회로부터 전 지구적 조건으로 옮겨간 파슨스적(Parsonian) 접근을 암시한다"(1990: 222). 모더니티를 다시금 주제화하는 것(Tiryakian 1991)은 근대화를 사유하려는 지속적인 관심의 징후이지만 문제점들은 여전히 남아 있다. 사회 구조에 집중하는 경향은 모더니티의 이면을 간과하는 설명을 제시하게 된다. 바우만의 《모더니티와 홀로코스트(Modernity and the Holocaust)》 관점에서는 모더니티의 어떠한 측면이 드러나는가? 마르크스주의적 관점은 핵심 의제를 수반하지만 모더니티를 주제화하지는 못한다(그것이 자본주의의 대역으로 기능하든 그렇지 않든). 말하자면, "이러한 담론에는 모호함이 따르는데 이는 내부에서는 문화적 지배를 전혀 인식할 수 없다는 사실에 기인한다. 즉 모더니티에 관해 말하는 것은 강력한 역사적 …… 필연성의 관점에서 '문화적 운명'이나 다름없는 문화적 변화에 대해 말하는 것이다. 이는 모든 이성적 문화 비판의 기획을 포기하겠다는 것이다"(Tomlinson 1991: 141).

표 4.1 지구화의 시기

저자	시작	주제
마르크스	1500년대	근대 자본주의
월러스틴	1500년대	근대 세계체제
로버트슨	1500년대, 1870~1920년대	다차원주의
기든스	1800년대	모더니티
톰린슨	1960년대	문화적 지구화

보통, 권력에 관한 문제들은 자본주의와 모더니티의 관점에서 중요하지 않은 것으로 간주된다. 모더니티 담론들에서 눈에 띄게 간과되는 또 다른 차원은 제국주의이다. 모더니티 담론들은 시각을 사회 내부로 돌리는 경향이 있는데, 이는 극히 희박한 사회학적 서사를 통해 마치 모더니티가 지구화를 미리 조건 지을 뿐, 반대의 경우는 있을 수 없는 것처럼 주장한다. 다시 말해 지구화는 모더니티를 위한 조건들 중 하나와 다름없다. 모더니티/지구화의 시각은 지구화의 역사가 서구의 역사와 더불어 시작한다는 의미를 내포한다. 하지만 이는 요컨대 지구화들이 세계사와 더불어 시작된다는 견해가 아닌가? 모더니티/지구화의 관점은 지리적으로 한정되어 있을 뿐 아니라(서구화) 역사적으로도 피상적이다(1500년 이후). 이에 관련된 일부 관점들의 시간틀을 제시한다(표 4.1).

지구화라는 광범위한 표제는 매우 상이한 견해들까지도 수용하는 듯하다. 기본적으로 대개 중립적인 정식화를 통해 이 개념을 이해한다. 예를 들면 "그러므로 지구화는 지역적 사건이 수킬로미터 밖에서 일어나는 사건들에 의해 생성되며, 역으로 마찬가지 방식으로 원거리 지역성이 서로 연결되는 전 세계적 사회관계의 강화로 정의될 수 있다(Giddens 1990: 64)." "전 세계적 사회관계의 강화"는 최초의 민족 이주와 장거리 무역 관계에서 출발점을 발견하고 이후 (기술, 종교, 교육, 제국, 자본주의의 확산과 같은) 특정 조건들 아래서 가속화된 일종의 장기 과정으로 간주될 수 있다. 혹은 이러한 과정에서 전 지구적 사회관계가 가속화하는 시기 이후 도래하는 후기 단계들만을 구성하거나 (세계시장, 서구제국주의, 모더니티의 전개와 같은) 특정 조건들과 관련된 전 지구적 추진력으로 간주될 수도 있다. 나아가, (지구화의 양식으로서의 제국주의가 아니라) 지구화를 제국주의의 계승으로 보는 톰린슨의 관점과 후기자본주의가 창안한 새로운 문화 공간에 관한 제임슨의 관점, 그리고 지구화를 시공간 압축 및 유연한 축적의 포스트모던적 조건과 연결 짓는 데이비드 하비(David Harvey)의 주장처럼 지구화를 특정 시기 혹은 형성 과정의 문제로 간주해 범위를 더 좁혀볼 수도 있다. 그러나 강조점이 무엇이든 "전 세계적 사회관계의 강화"로서의 지구화는 "전 세계적 사회관계"라는 선험적 존재를 가정한다. 그리하여 지구화는 **지구성**(globality)이라는 기존 상황을 잇는 어떤 **국면**을 개념화한 것으로서 전 세계적 사회관계 형성이라는 지속적인 과정에 참여하게 된다. 이런 식으로 역사적 깊이를 인지함으로써 지구화를 세계사와 다시 연결하며 모더니티/서구화의 반경을 넘어설 수 있다.

근대화/서구화의 문제를 해결하는 하나의 방식으로서 근대화의 다층적 **경로들**이라는 개념에 대해 말할 수 있다. 이를 통해 유럽중심주의라는 오명을 피하고 서구적 개발을 다시금 문제 삼을 수 있다. 벤자민 넬슨(Benjamin Nelson)은 이를 "문명 간 조우"(1981)에 관한 관심사의 일부로 발전시켜 나간다. "모든 사회는 자체의 모더니티를 창조한다"는 이념을 포함하는 모든 대안적 근대성들이 오늘날 핵심 주제가 된다(Gaonkar 2001, Eisenstadt 2002).

근대화들에 대한 다원적 접근 방식은 근대화의 **역사성** 관념에 필적한다. 이러한 관념은 동남아시아에서 일반적이다(Singh 1989). 일본이 서구와는 다른 경로로 근대화를 진행했다는 것은 일본 사회학에서는 전혀 새롭지 않은 사고이며(Tominaga 1990) 대만과 중국에서도 일반적으로 받아들여졌다(Li 1989, Sonoda 1990). 이는 개발에 대해 다중심주의(polycentrism)와 복합적 경로를 주장하는 태도와 유사한 전망을 낳는다(Amin 1990). 또한 정적이고 일차원적인 표상으로 남아 있다. 다시 말해 중심들의 증식은 여전히 중심주의에 기대고 있다. 중화주의, 인도중심주의, 아프리카중심주의 혹은 다중심주의와 같은 또 다른 중심주의를 선택하는 것은 유럽중심주의와 옥시덴탈 나르시시즘을 불식하는 데 별 도움이 안 된다. 실제로 이것은—19세기 인종 분리 논리가 정치적 기획으로 전환된 문명화된 지방이라는 구호 아래 더 단호하게 관철된 범슬라브주의, 범이슬람주의, 범아랍주의, 범터키주의, 범유럽주의, 범아프리카주의 등—범이라는 접두사가 붙은 포괄적 운동들의 전회를 환기시킨다. 이는 하나의 중심주의와 지역주의를 유사한 것으로 대체할 것이다. 그리고 "다양성의 지구화", 곧 세계의 중핵 지대에서 극한 지역에 이르기까지—혹은 그 역으로—널리 펴져 있는 뒤범벅 효과의 근본 의미를 놓쳐버릴 것이다.

구조적 혼종화

문화적 형식들에 관한 한 혼종화는 "형식들이 기존 관행을 떠나 새로운 관행 속에서 새로운 형식들과 재결합하는 방식들"(Rowe and Schelling 1991: 231)로 정의된다. 이러한 원칙은 사회를 조직하는 구조적 형식들에도 적용된다.

국민국가의 형성이 지구화의 표현이자 기능이지 그 반대가 아니라는 주장은 이제 익숙하다(Greenfield 1992). 동시에 지구화의 현재 국면이 국민국가들의 상대적 약화를 수반한다는 사실 또한 분명해졌다. 예컨대 경제적 글로벌리즘의 맥락에서 "국가 경제"는 약화되고 문화적으로는 애국주의가 쇠퇴한다. 하지만 이러한 과정 역시 단방향성을 넘어선다. 요컨대 인구학적 지구화를 형성하는 이주의 움직임들은 정치적으로 친연성이 있는 아일랜드인, 유대인, 팔레스타인 디아스포라들과 망명당하거나 추방된 토론토의 시크교도들, 런던의 타밀인, 독일의 쿠르드인, 인도 티베트인들의 경우에서처럼 부재(不在) 애국심과 원거리 민족주의를 야기할 수 있다(Anderson 1992).

지구화는 "지구적으로 생각하고 지역적으로 행동하라"는 말에서처럼 로컬리즘 강화 혹은 그것과 함께 나아가는 것을 의미한다. 로컬/글로벌 역학 혹은 글로컬라이제이션이라는 이러한 협력 방안은 국가 권력을 넘어 초국가적 인권의 척도에 호소하는 소수자들이나, 초국가적 네트워크들에서 지역적 요구에 대한 지원을 찾아보려는 토착민들에게서 나타난다. 종족 정체성의 정치학과 종교 부흥 운동들이 급증하는 현상 또한 지구화의 견지에서 이해할 수 있다. "사람들이 출신 지역에 충실하려 하면서도 글로벌한 가치와 생활방식을 공유하기를 바람에 따라 정체성의 패턴들은 점점 더 복잡해지고 있다"(Ken Booth, Lipschutz 1992: 396에서 재인용). 로버트슨은 **특수성**은 **세계적인** 가치와 다름없으며 실제로는 "특수주의의 보편화" 혹은 "특수한 정체성들의 세계적인 발현"(1992: 130)이 나타나고 있다고 말한다.

세계시장에서 상품 가격이 동요하는 것과 같은 전 지구적 역학은 1980년대 아프리카의 경우처럼 종족 정체성을 재구성할 수 있다(Shaw 1986). 국가의 발전 정책들은 종족 이동의 반격을 초래할 수 있다(Kothari 1988). 따라서 "지구화는 공통된 정체성뿐만 아니라 정치적 차이를 인식시킬 수 있다. 국제적 소통의 향상은 상호 이해의 장애물을 제거하는 동시에 이권과 이데올로기의 문제를 부각시킬 수 있다"(Held 1992: 32).

지구화는 상위국가적이고 하위국가적인 지역주의(regionalism)의 강화를 초래할 수 있다. 유럽연합이 이에 대한 좋은 예가 된다. 일본과 미국의 경제적 도전에 대응하고자 마련된 유럽연합은 내부 시장의 의미를 넘어 복수의 유럽들, 곧 민족, 지역, "유럽 문명", 기독교 등으로 구성된 유럽을 포용하는 행정적, 법적, 정치적, 문화적 조직이 되어가고 있다. 예를 들어 통합의 변증법은 북아일랜드 유권자들이 영국 법원의 결정들에 대하여 스트라스부르의 유럽인권재판소 혹은 브뤼셀에 호소하거나 (카탈루냐와 루르 강 지역 사이와 같은) 다른 지역들과 연계함으로써 카탈루냐가 마드리드를 포위하고 브르타뉴가 파리를 능가할 수 있음을 의미한다. 거듭 말하건대, 지구화-지역주의-하위지역주의가 지속적으로 범람한다. 혹은 "지구화는 거시-지역주의를 장려하고 이는 다시 미시-지역주의를 장려한다"(Cox 1992: 34).

> 빈곤 지역들에서 미시-지역주의는 정치 안정과 경제적 선행을 유지하기 위해 거시-지역적 수준에서 문화적 정체성을 긍정하고 보답을 요구하는 수단이 될 것이다. 그에 따라 재분배의 문제들이 제기되는 층위는 주권국가 수준에서 거시-지역 수준으로 옮겨간다. 반면, 재분배되는 부가 사용되는 방식은 미시-지역 수준으로 분산된다.(같은 책: 35)

그렇다면, 구조적 관점에서 지구화는 초국가적, 국제적, 거시-지역적, 국가적, 미시-지역적, 자치 도시적, 로컬적 층위 등 **가능한 조직 양식들**의 증가를 의미한다. 이러한 단계적 행정 층위는 전문가와 컴퓨터 사용자뿐 아니라 기업, 국제기구, 비정부기구의 **기능적 연결망들**에 의해 상호 교차되고 있다. 이것은 로즈노의 "후기국제주의 정치"와 유사하다. 후기국제주의 정치는—주된 행위자들이 국가적으로 작용하는 국가 중심적 세계와 기업, 국제기구, 종족 집단, 교회와 같은 다양한 행위자들로 형성된 다중심적(multi-centric) 세계처럼—구성원이 공통된 상호작용하는 두 세계들로 이루어져 있다(1990). 이러한 다중심의 기능적 연결망들은 파이낸스케이프(초국가적 자본의 이동—옮긴이), 에스노스케이프(초국가적 인구 이동—옮긴이)와 같은 좀더 광대하게 펴져나가는 "스케이프들(scapes)" 내에 자리 잡는다(Appadurai 1990). 나아가 이러한 조직 양식들뿐 아니라 사이(in between), 틈새(interstices)로부터 생성되는 비공식적 공간들 역시 중요하다. 디아스포라, 이주자, 추방자, 난민, 유목민들이 거주하는 이러한 장소들은 사회학자 마이클 만(Michael Mann 1986)이 "틈새적 출현"이라 부르고 사회 회복의 주요한 근원들로 간주한 것들을 내포한다.

정치경제학에서도 다양한 혼종적(hybrid) 구성들을 만날 수 있다. 생산양식들의 접합은 혼종화의 원칙을 따른다. 이중 구조 경제를 주장하는 이들은 명확하게 분리된 경제 부문들에 시선을 돌리는 반면, 접합을 주장하는 이들은 농경식 생활 부문에 한쪽 발을 들여놓은 "반(半)프롤레타리아"처럼, 부문들의 상호작용이 뒤범벅 효과를 생산하는 것에 주목한다. 접합의 관점은 전통/현대, 봉건주의/자본주의 부문들의 분리하에 상정된 이중 구조 경제의 사유를 보완한다. 접합의 관점에 따르면 지금껏 발생한 것은 생산양식들의 상호 침투이다. 불균등한 접합은 다시 비대칭적 통합을 낳는다(Terhal 1987). 종속이론은 구조적 혼종화 이론으로 읽힐 수 있을 것이다. 여기서 종속적 자본주의는 자본주의와 제국주의의 논리들이 융합하는 하나의 뒤범벅 범주로 나타난다. 이러한 혼종적 조건을 인정하면 신마르크스주의와 (자본을 "영원한 혁명의 힘"으로 간주했던) 고전적 마르크스주의가 분리된다. 말하자면 통례의 자본주의가 개발을 지지한다면 종속적 자본주의는 "저개발의 개발"을 향한다. 반주변이라는 논쟁을 부르는 개념 역시 혼종적 구성으로 간주될 수 있을 것이다.[2] 더 넓은 맥락에서는 혼합경제, 비공식적 부문, 그리고 "사회 경제"의 "제3의 부문"이 협력적 비영리적 조직들을 구성하는 가운데 혼종적 경제의 구성물로 간주될 수 있을 것이다. 사회적 자본, 시민 기업가 정신, 기업 시민의식을 포함한 우리 시대 모든 주제는 매우 혼종적인 특징을 지니고 있다.

다양한 논리들이 상호 침투한 혼종적 구성(체)들은 **혼종적 장소들**과 공간들을 통해 드러난다. 요컨대 라틴아메리카의 일부 지역들에서 볼 수 있듯이, 전 자본주의적 생산양식과 자본주의적 생산양식의 융합으로 인해 도시화는 "농부들의 도시들" 같은 것을 낳을 수 있다(Roberts 1978). 국경 지대들(border zones)은 다양한 조직 양식들이 조우하는 장소이다. 여기에는 (국가 주권과 초국가적 기업이 혼종적으로 만나는 장소들인) 자유 기업 지대 및 조세 우대 금융기관들뿐 아니라 재외 군사시설, 정찰국 같은 것들이 있다(Enloe 1989). 국경지들(borderlands)은 일반적으로 중요한 토포스가 된다(Anzaldúa 1987). 공적/사적 공간들의 경계가 흐려지고 재구성되는 것은 익숙한 주제이다(Helly and Reverby 1992). (뉴욕 퀸스의 잭슨하이츠처럼) 글로벌 도시와 온갖 종족이 뒤섞여 형성된 주민들은 전 지구적 경관(landscape) 내의 또 다른 혼종적 공간들을 만든다. 상위국가적 금융 거래들에서 사용되는 정보기술은(Wachtel 1990) 자본의 하이퍼 공간(hyper-space)을 만들어 낸다.

혼종성의 또 다른 차원은 시간의 경험과 관련이 있다. 예를 들면 라틴아메리카에서 흔하게 나타나는 **혼합 시대**(tiempos mixtos) 개념이다. 라틴아메리카에서 이는 전근대성, 근대성, 그리고 후기근대성의 공존과 산포를 지칭한다(Caldéron 1988, Vargas 1992). "내재적 비동시성"은 "제3세계 문화의 일반적 특성"이라는 주장은 이와 유사한 의미가 있다(Hösle 1992: 237).

그러므로 지구화는 조직적 선택의 범위를 넓히며 모든 선택들은 동시에 작용한다. 개별 선택 혹은 선택의 결합은 구체적인 사회적, 제도적, 법적, 정치적, 경제적, 혹은 문화적 영역들에서 서로 관계 맺을 것이다. 중요한 것은 어떤 양식도 전면적인 우선권이나 독점권을 필연적으로 가질 수 없다는 것이다. 이것이 지구화의 현재 국면과, 대체로 국민국가가 단일한 지배 조직으로 선택되었던 위대한 민족주의 시기인 1840~1960년 이전 시대의 두드러진 차이들 중 하나이다. 국민국가의 확산은 지구화를 표명해왔지만 원동력은 거기서 멈춰버리지 않았다.

전 지구적 밀도 및 상호 의존의 증가 혹은 지구화를 향한 전반적 추세는 이제 조직 형식들의 다원화로 옮겨간다. 구조적 혼종화와 다양한 조직 양식들의 뒤범벅은 새로운 혼성적 협력 양식들뿐 아니라 협력과 경쟁 형식들의 다원화를 낳는다. 이는 유연한 특화와 적시 생산 방식이 도입된 자본주의에 따른 구조적 귀결이지만, 다른 한편에서는 문화적 혼종화와 다중적 정체성들에 의해 초래된 것이다. 다중적 정체성과 사회 주체의 탈중심화는 개인들 스스로 조직적 선택들에 동시에 적응하는 능력에 기반을 둔다. 따라서 지구화는 "자아 근원들"을 다양화하고 확장시키는 뼈대가 된다.

또 다른 관련 지점은 역사적 장의 범위와 깊이에 있다. 지구화에 대한 서구화/모더니티 관점은 건망증이 동반된 세계적 추진력을 허용할 뿐이다. 하지만 포괄적으로 인식될 경우 지구화는 전 지구적 경험들을 공유해 전 세계의 역사적 장의 형성에 주목하고 전 지구적 기억을 발전시킨다. 전 세계적 경험들의 공유는 장거리 무역과 이주 같은 문명 간의 조우에서 노예제, 정복, 전쟁, 제국주의, 식민주의에 이르기까지 다양하다. 후자는 글로벌 문화와 무관하다는 주장이 제기되기도 했다.

> 민족문화들과 달리 글로벌 문화는 본질적으로 기억되지 않는 경향이 있다. "민족"이 잠재적인 대중 경험과 필요에 의존하고 이를 부활시키려고 구성될 때, "글로벌 문화"는 어떤 삶의 필요나 정체성 형성의 과정에도 응답하지 않는다. …… 인류를 **통합**하는 데 사용될 수 있는 "세계 기억"은 존재하지 않는다. 식민주의와 세계대전 등 진정 세계적인 경험들은 우리에게 역사적 분열을 상기시킬 뿐이다.(Smith 1990: 180)

만약 분쟁과 정복과 억압이 사람들을 갈라놓기**만** 한다면, 분쟁 과정에서 생겨난 민족들은 단지 분리의 산물로만 존재할 것이다(이를테면 Hechter 1975). 마찬가지로 좀더 넓은 관점에서 보면 분쟁의 경험이 단지 인류를 갈라놓기만 했다고 말하는 것은 피상적이고 잘못된 주장일 수 있다. 비록 고통스러운 방식에서 모호한 종류의 통합을 이루었다 할지라도 분쟁의 경험들은 인류를 통합하기도 하기 때문이다(Abdel-Malek 1981, Nederveen Pieterse 1989). 적대와 갈등에서 출현하는 통합은 변증법의 기본 원리에 해당한다. 그것은 《친밀한 적(The Intimate Enemy)》(Nandy 1983)의 경우처럼 포스트식민 문학에서 반복해서 등장하는 주제이다. 이스라엘의 유리 아브네리(Uri Avneri)가 팔레스타인 사람들에 관해 쓴 책의 제목인 《나의 친구인 적(My Friend the Enemy)》(1986)이 암시하듯 억압과 저항에 바탕을 둔 친밀감은 드문 개념이 아니다. 갈등이 내재된 통합은 지배 경험을 포함하는 공통의 정치적·문화적 경험에 의해 결속되며, 이는 포스트식민 혼종문화를 구성하는 일부가 되어왔다. 따라서 이전의 대영제국은 법과 정치 체계, 사회기반 구조, 교통 체계에서 공통 언어와 요소들이 특징인 통합적 공간으로 남아 있다. 제국의 건축 또한 영연방의 유산과 더불어 남아프리카공화국뿐만 아니라 인도에서도 많은 방식에서 동일하다(King 1990).

로버트슨은 특히 세계 종교의 확산과 관련하여 전 지구성의 역사를 깊이 들여다본다. 그러나 지구화 개념은 1500년대에 시작하는 이후 시기들로 되돌린다. 그의 고찰에 따르면 시간에 따라 변화하는 것은 "단일 장소로서 세계 의식의 시야와 깊이"이다. 로버트슨의 관점에서 "오늘날의 지구화"는 또한 "문화적이고 주관적인 문제들"에 주목하며 전 지구적 인간 조건에 대한 **인식**, 곧 성찰을 함축한 세계의식을 수반한다(1992: 183). 이러한 성찰은 의심할 여지 없이 중요하다. 전 지구적 인간 조건에 미칠 잠재력을 의미하기 때문이기도 하다. 반면 이러한 성찰이 왜 서구의 입구에 멈추어버림으로써 세계 종교의 영향력과 같은 문명 간 관계들의 심오한 역사에서 출현할 수 없는가, 혹은 그러한 역사를 인식할 수 없는가, 하는 문제를 제기할 수 있다.

세계적 뒤범벅

우리는 무에타이를 하는 암스테르담의 모로코 소녀들, 런던의 아시아 랩, 아일랜드 식 베이글 빵, 중국식 타코 요리, 그리고 미국의 마디 그라(Mardi Gras) 인디언들 혹은 "그리스 토가를 입고 이사도라 던컨(Isadora Duncan) 스타일로 춤을 추는 멕시코 여학생들"(Rowe and Schelling 1991: 161) 같은 현상들을 어떻게 받아들이는가? 또한 마하바라다(Mahabharata)를 연출하는 피터 브룩(Peter Brook)이나 태양 극장(the Théâtre Soleil)에 모인 파리 관객들을 위해 일본 가부키 스타일로 셰익스피어 극을 연출하는 아리안느 므누슈킨(Ariane Mnouchkine 1939~: 프랑스 연출가—옮긴이)의 사례를 어떻게 해석하는가? 문화적 경험들은 과거나 지금이나 단지 문화적 단일성과 표준화 방향으로만 움직여온 것이 아니다. 이는 전 세계적인 문화적 동기화 개념이(Schiller 1989) 부적절하다는 것이 아니라, 근본적으로 불완전하다는 것을 의미한다. 이는 비서구 문화들이 서구에 미쳐온 영향과 같은 대항 흐름들(countercurrents)을 간과한다. 또 지구화하는 추진력의 양가성을 경시하고—서구적 요소들의 현지화(indigenization) 같은—서구 문화의 지역적 수용이 수행하는 역할을 무시한다. 이는 비서구 문화들이 서로에게 미친 영향력을 인식하는 데 실패한다. 또 월드 뮤직 같은 "제3의 문화"의 발전 등 횡단(crossover) 문화가 생성될 여지가 없다. 서구 문화의 동질성은 과대평가하는 한편, 문화적 계보를 잘 살펴보면 서구와 그들의 문화 산업들에서 유입된 많은 기준들 자체가 결국 문화적으로 혼성적이라는 사실은 간과한다. 수백 년에 걸친 남북 간 문화적 상호 침투는 대륙 간 횡단 문화를 탄생시켰다. 유럽과 서구 문화는 이러한 세계적 뒤범벅의 **일환**이다. 14세기까지 유럽이 지속적으로 "동양"으로부터 문화적 영향을 수용했음을 고려할 경우 이러한 사실은 더욱 명백해진다.[3] 서구의 헤게모니는 매우 근래인 1800년 이후 이른바, 산업화 시대로부터 시작되었다.

이러한 상호작용을 설명하는 데 제공되는 용어들 중 하나는 세계 문화의 **크레올화**이다(Hannerz 1987). 이러한 접근은 크레올 언어와 언어학에서 시작된다. 크레올화 자체가 기묘하고 혼종적인 용어이다. 카리브해와 북미 지역에서 그것은 아프리카와 유럽의 혼합을 의미한다(뉴올리언스 크레올 요리 등). 반면, 라틴아메리카에서 **크리오요**(criollo)는 원래 대륙에서 태어난 유럽 혈통들을 가리킨다.[4] "크레올화"는 세계를 보는 카리브해의 창(window)을 의미한다. 크레올화는 19세기 인종주의 및 이와 동반된 이종혼합의 메티사지에 대한 혐오—예컨대 모든 혼합에서 하등의 요인이 우세할 것이기 때문에 인종 간의 혼합이 타락과 부패를 이끈다는 관점—에 맞서기도 한다. 인종적 순수성의 교리는 하프카스트(half-caste)에 대한 두려움과 **경멸**을 동반한다. 크레올화는 **메스티소** 요소와 혼성적이고 사이-안이라는 개념을 강조하고 전경화함으로써 은폐된 것들에 빛을 비추고 경계 횡단(boundary crossing)에 가치를 둔다. 또한 서구화와 관련된 논의를 함축한다. 서구 자체는 하나의 혼합으로, 서구 문화는 하나의 크레올 문화로 간주될 것이다.

메스티사헤라는 라틴아메리카의 용어 또한 경계 횡단적인 혼합을 가리킨다. 그러나 1900년대 초부터 이 용어는 라틴아메리카 국가들에서 실행된 총체적인 기획으로서 "백색화(whitening)" 혹은 유럽화를 지칭하는 엘리트들의 지배 이데올로기로 기능했다. 유럽적 요소는 우위를 점하는 것으로 기대되고, 민중과 문화의 점진적인 "백색화"를 통해 라틴아메리카는 근대성을 달성할 것으로 가정되었다(Graham 1990, Whitten and Torres 1992). 크레올화와 메스티사헤는 공히 16세기 이후 아메리카적 경험에 기댄다는 한계가 있다.

또 다른 용법으로는 "독특한 지구적 과정"이라 지칭되는 "세계의 동양화"가 있다(Featherstone 1990). 듀크 엘링턴(Duke Ellington)의 언어로 말하면, "우리는 모두 어느 정도 동양화되고 있다"(Fischer 1992: 32에서 재인용). 이는 술탄 갈리에브(Sultan Galiev), 마오, 그리고 아브델-말렉을 관통하고 있는 "동풍이 서풍보다 우세하다"는 주제를 상기시킨다. 중국과 아시아의 신산업화 국가들이 떠오르는 시기에 이 개념은 "아시아적 세기"와 아시아적 르네상스로서 21세기를 환기시킨다(Park 1985, Ibrahim 1996).

이러한 용어들—크레올화, 메스티사헤, 동양화—은 세계적 뒤범벅에 대한 서로 다른 창을 열어젖힌다. 미국에서 **횡단** 문화는 유럽계 미국인들이 흑인 문화의 특성들을 수용하고 아프리카계 미국인들이 백인의 요소들을 수용한다는 것을 의미한다. 하나의 일반 개념으로서 횡단 문화는 장기적 과정에 해당하는 전 지구적 문화 침투와 세계적 뒤범벅을 적절히 설명할 수 있을 것이다. 그럼에도 문화적 상호작용 및 횡단의 발생에 관련된 **용어들**이 명료해지지 않았다. 세계적 뒤범벅과 같은 용어들에서는 전 지구적 관계에서 발생하는 실질적 불균등, 비대칭, 그리고 불평등에 대한 인정이 누락되어 있다.

혼종성의 이론화

19세기의 담론 배경을 고려하는 한, 혼종성을 수용하는 주장들이 종종—순수성, 전체, 진정성의 상실 등—후회와 상실의 어조로 그러한 (수용의) 태도를 보인다는 사실은 놀랍지 않다. 요컨대 사회학자 히샴 사라비(Hisham Sharabi)에 따르면, 오늘날 아랍 세계의 신가부장적 사회는 "근대적이지도 전통적이기도 않은" "새로운 혼종적 성격의 사회/문화"이다(1988: 4). "신가부장적 프티부르주아" 또한 "혼종적 계급"으로 특징지을 수 있다(1988: 6). 이 주장은 아랍 세계의 "왜곡되고 의존적인 자본주의의 정치적, 경제적 조건들"(1988: 5)에 대한 분석에 바탕을 둔다. 다시 말해 종속이론의 틀거리에서 기인한다.

이와 같은 주장들에서 혼종성은 19세기 패러다임에 따라 부정적 비유로 작용한다. 19세기적 패러다임에 따르면, 혼종성, 혼합, 변이는—생물학에서처럼 사회와 문화에 대해서도—인류 타락 이전의 순수성을 손상시키는 부정적인 현상들이다. 그러나 1870년대 멘델 유전학과 20세기 초 생물학이 등장하면서 재평가가 일어나 이종 교배와 다원유전(多原遺傳)은 유전자풀의 비옥함으로 인해 긍정적 가치를 부여받게 된다. 이는 점차 더 넓은 분야로 확산되었다. 자연과학을 사회과학과 연결한 매우 드문 연구자 중 한 명인 인류학자 그레고리 베이트슨(Gregory Bateson 1972)의 작업이 영향을 미쳤다.

혼종성과 혼합주의는 후기구조주의(poststructuralist), 포스트모던 분석에서 주요 개념이 되었다. 혼종성은 정체성과 종족성의 본질주의적 개념들에 대한 일종의 해독제이다(Lowe 1991). 문화적 혼합주의는 몽타주와 콜라주의 방법론, 곧 "다종족적이고(multi-ethnic) 다중심적인 패턴들을 확산시키는 음악, 의복, 행위, 광고, 연극, 몸짓 언어, 혹은 …… 시각 커뮤니케이션의 교차 문화적 플롯들"에 주목한다(Canevacci 1993: 3, 1992). 다문화주의보다는 간문화주의(interculturalism)가 이러한 관점의 핵심으로 나타나는데, 이 역시 다양한 문제점들을 야기한다. 혼종성 찬양의 정치적 효력은 무엇인가? 사회변화의 종말을 소비하는 집단이 미덕으로 탈바꿈시킨 또 다른 당혹감의 표시인가? 엘라 쇼하트(Ella Shohat)에 따르면 "혼합주의와 혼종성 자체에 대한 찬양은 그것이 헤게모니와 신식민주의적 권력 관계들에 대한 의문들과 접합되지 못할 경우 식민 폭력을 정당화할 우려가 있다"(1992: 109). 따라서 우리는 혼종성을 단순히 찬양할 게 아니라 이론화해야 한다.

혼종성 이론은 매력적이다. 현상들 간에 경계와 구획을 설정하려는 이론들(다른 단위나 과정들에서 가능한 한 분명하게 구별되는 단위나 과정들)에 너무나 익숙해져 있는 우리에게 이런 흐릿함과 혼합, 컷 앤 믹스(cut'n'mix: 잘라 붙이기—옮긴이), 상호 교차(crisscross)와 횡단에 초점을 두려는 이론 자체가 일종의 위안으로 느껴질 수 있다. 물론 중요한 것은, 역설적이게도 혼란스러움에 대한 가능한 한 정돈된 해석 혹은 혼종성들에 대한 비혼종적(unhybrid) 범주화를 통해 자신을 증명해야만 한다는 것이다.

어떠한 척도에 따라 우리는 혼종성들을 구분할 것인가? 혼종성이 어떠한 맥락에서 작용하는가를 살펴보는 것이 한 가지 방법이 될 수 있다. 일반적인 수준에서, 혼종성은 서로 다르고 분리된 현상들의 혼합에 관계한다. 이런 경우 혼종화는 어떤 **교차 범주**의 과정을 가리킨다. 언어학자 바흐친(1968)에게 혼종화는 이질적인 것과 익숙한 것, 마을 주민들과 도시인들, 수행자들과 관찰자들을 한데 결합하는 시장과 같은 장소들을 의미한다. 범주들은 문화, 민족, 종족성, 신분 집단, 계급, 장르가 될 수도 있다. 혼종성 자체가 이런 것들 간의 구분을 흐트러뜨린다. 혼종성은 나아가 중심과 주변, 헤게모니와 소수성 간에 발생하는 권력 관계의 일환으로 작용하며 위계적 관계를 흐리고 동요시키며 전복할 수 있음을 드러낸다.

혼종성의 최초 개념들 중 하나인 **혼합주의**는 종교 형식들의 융합을 의미한다. 우리는 **흉내 내기**(mimicry)로서의 혼합주의를 구분할 수 있다. 미미크리로서의 혼합주의는 산테리아(Santería), 칸돔블레(Candomblé), 보둔(Vodûn)에서 나타나는데, 여기서 가톨릭 성자들은 비기독교 형식의 예배를 가능케 하는 가면 역할을 한다(Thompson 1984). 파차마마(Pacha Mama: 안데스 원주민이 신앙하는 영적 존재로 '대지모'로 번역된다—옮긴이)의 가면으로 봉사하는 과달루페의 성모(the Virgin of Guadeloupe)가 이에 해당한다. 반면, 혼합주의를 형식뿐 아니라 신념의 뒤범벅으로도 이해할 수 있다. 이는 콩고의 킴방기즘(Kimbangism: 콩고의 토착 신앙과 기독교가 융합된 종교 분파—옮긴이)처럼, 기독교와 토착 종교 모두가 변화를 경험하여 "제3의 종교"가 펼쳐지는 융합 같은 것이다.

또 다른 현상은 이주 뒤범벅으로서 혼종성이다. 이는 일반적으로 2세대 이주자들이 서구를 비롯한 여러 곳에서 갖가지 문화적 특성들을 드러내는 데서 관찰된다. "낮의 무슬림, 밤의 디스코" 조합에서처럼 그들은 분리 경험 이후 자국 문화 및 언어와 뒤섞이고(기원 문화와 결합) 외부 문화와 뒤섞인다(거주 문화와 결합)(Feddema 1992).

포스트식민 문학에서, 혼종성은 익숙하고도 양가적인 용어법이다. 호미 바바(Homi Bhabha 1990)는 하이브리드들을 민족과 제국 간 틈새 문화 사이의 중재자들로 파악한다. 하이브리드들은 민족의 가장자리들로부터 민족의 "총체화하는 경계들"에 대한 대항 서사들을 생산한다. 이와 동시에 하이브리드들은 전 식민적인 순수성이라는 향수 어린 모델들을 거부하면서 미미크리의 형태로 "중심 유럽(Eurocentre)의 헤게모니화된 재기술(rewriting)"에 순응할 수도 있다. 혼종성은 이러한 관점에서 소외에 버금가는 조건, 곧 고향 없음(homelessness) 상태에 이를 수 있다. 스매더 라비(Smadar Lavie)는 말한다. "이것은 응답-지향적인 혼종성 모델로, 혼종적인 것(the hybrid)에 권능을 부여하지 않음으로써 행위성을 결여한다. 결국 혼종적인 것 안에서 파편화된 타자성이 출현한다"(1992: 92). 반면 글로리아 안살두아(Gloria Anzaldúa)는 공동체-지향적인 혼종성 모델을 인정하면서 다음과 같이 말한다. "과거를 재작업하는 것은 혼종성을 노출시킨다. 또 현재의 관점에서 이러한 혼종적 과거를 인정하고 받아들이는 것은 공동체에 권능을 부여하고 행위성을 부여하는 일이다"(같은 책).

아프리카계 미국인 문학비평가인 휴스턴 베이커(Houston Baker, Jr.)를 인터뷰하는 마이클 베루베(Michael Bérubé)의 언급에서 우리는 문화 횡단 혼종성이 아이러니컬하게 드러나는 사례를 엿볼 수 있다. "그것은 저로 하여금 《테크노컬처(Technoculture)》에 실린 당신의 논문을 상기시키는군요. 거기서 당신은 서드 베이스(Third Bass)로 알려진 컬럼비아대학을 졸업한 백인 소년 무리가 해머에게 충분히 흑인스럽지 못하다거나 너무 흑인스럽다고 공격하던 …… **바로 그러한** 순간에 혼종성이 드러난다고 쓰고 있지요"(1992: 551).

이러한 사유의 노선들을 받아들일 때 우리는 **혼종성들의 연속체**를 구성해볼 수 있다. 한쪽 끝에서 중심을 향해 기울어지는 동화주의적 혼종성이 정전(正典)을 채택하고 헤게모니를 모방한다면, 다른 끝 쪽에서는 정전을 흐리는 불안정한 혼종성이 시류를 거스르며 중심을 전복시킨다. 혼종성들은 뒤범벅의 구성 성분에 따라 차이가 나타날 수 있을 것이다. 다시 말해 중심이 지배하는 동화주의적 혼종성—트리니다드에서는 단 한 잔의 버젓한 커피도 마실 수 없다는 주장과 같은 예리한 관찰들로 유명한 V.

S. 나이폴(V. S. Naipaul)의 사례에서처럼〔이러한 태도는 나이폴염증(Naipaulitis)이라는 용어를 만들어냈다〕—과 다른 한편에서 정전과 범주들을 흐리거나(수동적) 동요시키는(적극적) 혼종성이 있다. 아마도 이러한 혼종성들의 스펙트럼은 나이폴에서 살만 루시디(Salman Rushdie)(Brennan 1989 참조), 에드워드 사이드(Edward Said), 그리고 서벌턴 연구에 이르는 성과를 통해 간략히 정리할 수 있다. 한데 정전을 동요시킨다는 것은 무엇을 의미하는가? 이를 위해 혼종성의 정치학에 대해 숙고할 필요가 있겠다.

혼종성의 정치학

권력과 헤게모니의 관계는 혼종성의 **내부에** 기입되고 재생산된다. 이는 우리가 충분하고 면밀하게 살펴보는 어느 곳에서나 문화, 장소, 혈통의 비대칭적 흔적들을 발견할 수 있기 때문이다. 따라서 혼종성은 혼합의 조건들 혹은 **요건들**에 의문을 제기한다. 이와 동시에 헤게모니가 혼종화의 과정에서 재생산될 뿐 아니라 **재형성**되는 방식들에 주목하는 것이 중요하다. 일반적으로 정치적 참여와 관련하여 혼종성은 어떤 입장을 보이는가?

때때로 혼종적 정체성들에 대한 반-본질주의적 강조는 이상화되고 돌이킬 수 없는 과거에 대한 고고학적 발굴과 같은 원시공산주의적 기원을 향한 모든 탐

> 구들의 해체에 위험할 정도로 가까이 다가간다. 그러나 또 다른 층위에서 볼 때, 타락 이전의 공동체나 "타락"에 앞서는 단일하고 투명한 정체성을 갈망하는 모든 노스탤지어를 회피하는 동안 우리는 공동체적(communal) 과거를 명심하지 않고 집단 저항을 구축할 수 있는가를 물어야만 한다.(Shohat 1992: 109)

정치적 동원과 집단 기억은 밀접하게 관련돼 있지 않는가? 과거는 행위에 대한 회상, 곧—FMLN을 위한 엘살바도르의 마탄사(the Matanza: 대학살—옮긴이) 사건, NPA를 위한 필리핀의 카티푸난(Katipunan: 1892년 마닐라에서 필리핀인이 결성한 조직) 혁명, ANC의 영웅들을 기리는 날(Heroes Day for the ANC)처럼—저항의 상징주의와 동원의 도덕 경제에 근본적인 집단적 여정, 승리와 패배를 기념하는 것이 아니던가? 그러나 이러한 주장에는 몇 가지 문제점이 있다. 연결점은 존재할지라도 공동체적 과거와 집단적 저항 사이에 필연적 대칭성이 존재하지는 않는다. 집단적 행위에서 결속의 토대는 무엇인가? 과거 혹은 미래, 기억 혹은 기획인가? 공동체적 상징성은 중요하지만 더 중요한 것은 이질적 집단성을 공동 기획으로 융합하는 집단적 상징성과 담론이다. 따라서 영웅들을 기리는 날이 ANC에 중요하지만〔12월 16일은 움콘토웨시즈웨(Umkhonto we Sizwe: 아프리카민족회의의 무장 단체—옮긴이)를 설립한 날이다〕 자유헌장과, 특히 비인종적 민주주의 기획(이후에 비성차별주의가 추가되었다)이 더욱 중요했다. 이러한 기획들은 공동체적 성격을 띠고 있지 않다. 이것의 힘은 분명 공동체적 경계들을 초월한다는 사실에서 나온다. 일반적으로 해방 자체는 다양하고 이질적이며 다의적인 기획의 앙상블처럼 다원적으로 사유된다.[5] 공동체적 과거와 집단적 저항을 연결하는 주장은 통합과 투명성의 가치를 부과한다. 이러한 가치는 사실 비판적 참여—운동 **내부의** 다원성, 해방 과정 내의 다양성—를 위한 공간을 축소한다. 집단적 행위의 공동체적 관점, 정체성에 대한 원시적인 관점은 특권화하고, 과거의 재구성 외에도 집단적 재현, 요구와 전술에 대한 집단 **내부의** 차이와 분쟁의 중요성은 무시하거나 경시한다. 자치나 포섭 중 무엇을 요구해야 하는가, 해당하는 집단이 안과 밖의 어느 쪽을 향해야 하는가, 등의 문제들이 이미 해결된 것처럼 주장한다. 그러나 실제로 이러한 문제들은 정치적 딜레마에 처해 있다. 공동체적 과거와 집단적 저항의 결합이 정치적 동원의 한 요소라면 혼종적 과거와 다원적 기획들의 결합 역시 그러하며, 일상 정치의 요점은 원탁 정치에서 이러한 요소들을 어떻게 협상할 것인가에 달려 있다. 이는 과거를 넘어 미래로 나아가는 것을 수반한다. 미래 없는 집단 행위는 어떤 의미가 있는가? 우파와 좌파 정치학에서 공히 강력하고 지배적인 공동체의 유혹은 매우 빈번히 문제시되었다. 반면, 하나의 정치학으로 충분히 사유될 때 혼종성은 본질주의와 동질성을 전복시키고 중심/주변, 위/아래, 계급/인종 집단에 대한 정적인 공간 및 정치의 범주들을 파열하며, 다층적 정체성들을 인지함에 있어 비판적 참여를 위한 공간을 확장할 것이다. 이에 따라 공동체 정치에 대한 향수의 패러다임은 "이방인들 간의 관계성 정치"(Young 1990)에 대한 지식과 더불어 도시의 경관에 대비되어왔다.

전 지구적 불평등과 정치의 맥락에서 이러한 전망의 의의는 무엇인가?

전 지구적 규모의 정치 이론은 상대적으로 활성화되지 못했다. 전통적으로 정치 이론은 주권자와 민중, 국가와 사회의 관계에 관련되어 있다. 로크에서 밀에 이르는 "위대한 정치 이론가들"에게 의지해봐야 거의 도움이 되지 못한다. 왜냐하면 그들은 모두 본질적으로 국가-사회 체계와 관련되어 있기 때문이다. 국제 관계 이론은 국가적 관심사나 힘의 균형 같은 개념에 대한 집착에서 추출된다. 엄격히 말해, 국제 관계 이론 내지 신현실주의 이론은 전 지구적 정치 이론을 사전에 배제한다. "세계 사회(world society)"의 부재 속에서 어떻게 전 세계적 사회계약이나 세계민주주의가 존재할 수 있는가? 글로벌 시민사회 및 비정부기구들의 초국가적 네트워크들 같은 개념은 이러한 미개척 영역을 열어젖혔다. "글로벌 시민사회의 성장은 세계 정치를 재구성하고 재상상하거나 재배치하는 시민사회의 기획이 계속 진행중임을 의미한다"(Lipschutz 1992: 391). 글로벌 사회와 후기국제주의 정치학의 관계 형성 이면에는 이러한 재개념화에 국가 간 관계들만이 아니라 전 지구적으로도 효력을 발휘하는 법적 조항들이 없다는 한계 역시 존재한다. 이에 따라 국제형사재판소와 교토의정서 같은 새로운 발의들이 특별한 의미를 갖는다.

글로벌 정치에서 지배적인 이중 잣대 같은 문제들을 다루기 위해 우리는 어떤 개념적 도구들을 개발할 수 있는가. 이 경우 자국에서 민주주의를 실현하고 밖으로는 제국주의를 자행하는 서구 국가들이 논의의 대상이 된다. 미국이 파나마, 그레나다 혹은 이라크를 침략하는 동안 자결권 및 주권과 같은 용어들은 교화적으로 사용된다. **제국주의**라는 용어는 현재 상황을 다루기에 더는 적절하지 못할 것이다. 그것은 걸프전보다는 파나마나 그레나다에 대한 미국의 행동과 관련하여 더욱 적절히 사용할 수 있을 것이다. 제국은 하나의 국가가 또 다른 정치 사회의 (국)내외적 정책에 행사하는 통제권으로서(Doyle 1986: 45) 걸프전을 설명하기에는 적절한 용어가 될 수 없다. 우리가 오늘날 전 지구적 상황을 좌우하는 주요 요인들이 국제통화기금, 세계은행, 세계무역기구, 초국가적 기업들, 지역 투자 은행들의 결정이라는 점을 고려한다면, 그러한 것들이 브라질에서 필리핀에 이르는 나라들의 정책들에 미치는 영향들을 인정하기 어렵지 않을 것이다. 그러나 상황은 두 가지 점에서 제국주의와 다르다. 다시 말해 관련 요인들은 국가들이 제공하지 않으며 관련된 나라들의 해외 정책이 반드시 영향을 받는 것도 아니다. 국제통화기금의 지원 조건이 아프리카 나라들에 미친 영향력을 설명하기 위해 재식민화나 신식민주의 같은 용어들을 임시로 사용할 수는 있겠으나 당연히 영속성은 없다. (유럽연합과 같이) 잠재적으로 공동의 해외 정책을 행사할 수 있거나 (NAFTA와 APEC처럼) 내부에 두 개 이상의 "세계들"을 포함하고 있는 지역 블록들의 출현 이후 상황은 바뀌었다. 이러한 상황들은 모두 고전적 의미의 제국주의와 차이를 보인다. 국제정치경제학의 문헌을 보면 논점이 "제국주의"에서 "지구화"로 전환했음을 알 수 있다. 톰린슨에 따르면,

> 우리가 "제국주의"로 알고 있는 전 지구적 권력 분배는 …… 말하자면 1960년대까지의 근대기를 특징지었다. "제국주의"를 대체하는 것은 "지구화"이다. 지

> 구화는 일관성이 훨씬 약하거나 문화 지향적인 과정이라는 점에서 제국주의와 구별된다. ……"지구화"는 전 지구적 영역들의 상호 연결과 상호 의존을 의미하며 발생 과정을 보면 목적성이 강하지 않음을 알 수 있다.(1991: 175)

이것은 특히 편협한 해석으로서 여기서 지구화는 후기자본주의 시대에 상응한다. 지구화의 현재 국면이 제국주의보다 덜 일관되고 덜 고의적이라는 견해는 여전히 흥미롭다. 지배는 더욱 분산되어 있고 덜 조직되어 있으며 더욱 이질적이다. 전 지구적 불평등을 다루고 그에 따른 정치 이론을 전개하기 위해서는 다른 종류의 개념화가 필요하다. 우리에게는 참조점이 없는 것이 아니라 전 지구적 정치 활동에 관한 이론이 부족할 뿐이다. 사회학자 알베르토 멜루치(Alberto Melucci)는 집단 행위의 "행성화(planetarization, 행성 개념에 대해서는 가야트리 스피박의 《분과학문의 종말》 참조)"(1989)에 관해 논의했다. 헬드(Held 1992)는 지구화에 내재된 민주주의의 의미 중 일부를 검토했다. 전 지구적 정치 합의의 원리들에 관해서는 유엔 인권선언뿐 아니라 비동맹 운동이 여기에 요청한 개정 사항들이 적절한 참조점이 될 수 있을 것이다(Parekh 1992).[6]

포스트-혼종성

문화적 혼종화는 아시아, 아프리카, 아메리카, 유럽 문화들의 혼합을 가리킨다. 혼종화는 세계 문화를 세계적 뒤범벅으로 만드는 것이다. 하나의 범주로서, 혼종성은 혼합되는 범주들, 형식들, 믿음들 간의 **차이**를 가정하는 취지에 따른다. 그러나, 혼종화의 과정 자체는 차이가 관계적(relative)임을 보여준다. 또한 관점을 조금 달리해서 보면 이러한 관계성은 **유사성**을 긍정하는 관점으로 설명할 수도 있다. 따라서, 가톨릭 성자들은 기독교의 아이콘들로 간주될 수 있지만 기독교 정전에 명기된 전-기독교 이교 사상을 간직한 이들로 간주될 수도 있다. 이런 견지에서 보면 그들을 비기독교 신상(神像)들의 가면으로 사용하는 것은 기묘하기보다는 문화 횡단적인(transcultural) 이교(pagan)와의 친연성을 암시하는 것이다.

므누슈킨이 셰익스피어 극을 연출하기 위해 가부키 스타일을 사용할 때 이는 어떤 셰익스피어 극을 사용했는가 하는 문제로 이어진다. 해당하는 극은 유럽의 전성기 봉건주의를 배경으로 삼은 《헨리 4세(Henry IV)》이다. 이런 견지에서 보면 유럽 봉건주의를 묘사하기 위해 일본의 봉건적 사무라이 스타일을 사용하는 것은(Kreidt 1987: 255) 문화 횡단적인 역사의 친연성에 대한 논지를 분명히 한다. 앞서 언급한 "그리스 토가를 입고 이사도라 던컨 스타일로 춤을 추는 멕시코 여학생들"은 유럽 고전 문화 내에 자신들을 반영함으로써 초국가적인 부르주아 계급의 친연성을 드러낸다. 중국식 타코 요리와 아일랜드식 베이글 빵은 미국 패스트푸드 분야의 고용 패턴에서 나타나는 종족 횡단을 반영한다. 아시아 랩은 청년 대중문화에서 교차 문화적 양식이 집중되고 있음을 의미한다.

일본 예술이 유럽 회화에 미친 영향에 관한 에피소드를 통해 이를 더 깊이 탐구할 수 있다. **자포니즘**(Japonisme: 프랑스의 미술비평가인 필립 뷔르티가 1872년 서구 미술에 나타난 일본 미술의 영향을 지칭한 말—옮긴이)의 영향력은 잘 알려져 있다. 그것은 인상주의에 영감을 주었고 이어서 모더니즘의 바탕을 마련했다. 쇠라, 마네, 고흐, 툴루즈 로트렉, 휘슬러에게 그토록 심오한 인상을 남긴 착색목판은 우키요(Ukiyo) 화파에 속해 있었다. 이들의 풍속화는 17~18세기 일본에서 번성했고 상인 계급의 후원을 받았다. 우키요에(Ukiyo-e)는 주로 연회, 극장, 매음굴 풍경들처럼 덧없이 흘러가는 도시 장면들을 그렸다. 귀족들의 고급 예술과 달리 대중적인 예술 형식이어서 궁정이나 수도원 깊숙이 보존하기보다 서점에서 싼 값에 판매할 수 있었다. 유럽인들 또한 그것을 이용하기가 어렵지 않았다(Budde 1993). 이 에피소드는 유럽 문화에서 이국적 침입이 일어난 것이 아니라 부르주아적 감수성이 유럽보다 일본에서 먼저 도상학적인 표현을 발견했다는 사실을 반영한다. 다시 말해 일본 대중 예술은 유럽 예술보다 먼저 근대성에 도달했다. 그러므로 이국풍이라 할 정도로 혼종성을 띠는 것이 다른 시각에서는 오히려 도시의 삶과 자연에 대한 감수성에서 드러나는 문화 횡단적 계급의 친연성을 반영하는 것이다. 다시 말해 문화적 혼종성의 이면에는 문화 횡단적 공존 가능성이 있다.

이러한 문제들을 논의하기 어려운 이유는 **문화**에 대한 두 가지 매우 상이한 개념들이 대체로 별다른 구분 없이 사용되고 있기 때문이다. 첫째 문화 개념(문화 1)은 문화를 본질적으로 영토적인 것으로 간주한다. 이는 문화가 주로 국지화된(localized) 학습 과정에서 기인한다고 가정한다. 다시 말해 **하나의 문화**(a culture)라는 뜻에서의 문화, 곧 하나의 사회나 사회 집단의 문화를 의미한다. 이런 개념은 19세기 낭만주의로 거슬러갈 수 있으며, 배치, 형태, 전체로서의 문화들에 대한 개념과 더불어 20세기 인류학—특히 문화상대주의—에서 정교하게 다듬어졌다. 이와 관련된 개념에는 유기적 혹은 "나무" 형식의 문화가 있다.

문화에 대한 좀더 광범위한 이해(문화 2)는 자연/문화 논쟁에서처럼 문화를 전반적인 인간적 "소프트웨어"(Banuri 1990: 77)로 간주한다. 이러한 생각은 문화가 주로 **트랜스로컬한** 학습 과정으로 간주되는 진화와 확산의 이론들에서 암시되었다. 이러한 이해들은 양립할 수 없는 것이 아니다. 즉 문화 2는 문화 1의 모습으로 나타난다. 다시 말해 문화들(cultures)은 문화의 매개체들이다. 하지만 그것들은 분명 문화 형성의 역사적 과정들에 따라 각기 다른 점을 강조하여 문화적 관계들에 대한 매우 상이한 평가들을 산출한다. 문화에 관한 서로 다른 메타-가정들은 문화적 관계를 논의하는 다양한 어휘들의 기초가 된다(표 4.2).

문화 2 혹은 트랜스로컬 문화는 언제나 장소를 동반한다(장소가 없는 문화는 존재하지 않는다). 그러나 문화 1이 **내부지향적인** 장소감에 기초한다면 문화 2는 **외부지향적인** 장소감을 동반한다. 문화 2는 지리학자 도린 매시(Doreen Massey)가 일컬은 '전 지구적 장소감', 곧 "각 장소는 더 넓고 한층 지역적인 사회관계들이 독특하게 혼합되는 양상이 집중된 곳이라는 사실에서 기인하는 장소의 구체성"(1993: 240)을 포함한다.

문화다원주의, 다문화 사회, 문화 간의 관계 같은 일반 용어들은 문화

표 4.2 문화에 대한 가정들

영토적 문화	트랜스로컬 문화
내생적	외생적
계통발생적	우연발생적
사회, 민족, 제국	디아스포라, 이주
장소(locale), 지역	교차로(crossroads), 국경, 틈새
공동체 기반	네트워크, 중재자, 이방인
유기적, 통합적	확산, 이질성
정통성	번역
내부 지향적	외부 지향적
공동체 언어학	접촉 언어학
인종	하프카스트, 하프 브리드(half-breed), 메티스(métis)
종족성	새로운 종족성
정체성	정체화(identification), 새로운 정체성

1 혹은 문화 2를 가리키는지 여부가 명확히 드러나지 않는다. 따라서 문화들 간의 관계는 정적인 방식(여기서 문화들은 상호작용 과정에서 계속 분리돼 있다)이나 유동적인 방식(여기서 문화들은 상호 침투한다)으로 이해될 수 있다(표 4.3).

하나의 관점으로서 혼종화는 문화 간 관계들의 유동적인 끝단에 속한다. 다시 말해 문화들의 분리가 아니라 혼합이 강조된다. 이와 동시에, 문화에 대한 근원적인 가정은 곧 문화/장소에 연결되어 있다. 문화 형식들은 혼종적/혼합주의적/혼성적/크레올적이라 불린다. 이는 혼합의 요소

표 4.3 문화적 관계들

정적	유동적
다원 사회(퍼니벌)	다원주의, 도가니
다문화주의(정적)	다문화주의(유동적), 간문화주의
글로벌 모자이크	공간적 문화 유동(한네르츠)
문명들의 충돌	제3의 문화들

들이 각기 다른 문화적 맥락들에서 출현하기 때문이다. 따라서 한네르츠는 크레올 문화들을 다음과 같이 정의한다. "크레올 문화들은 크레올 언어들처럼 어떤 면에서 두 개 혹은 두 개 이상의—종종 본래적으로 매우 다른—역사적 근원들에 의존하는 문화들이다. 그것들은 발전하고 통합하며 정교해지고 널리 퍼지는 동안 일정한 시간이 걸렸다"(1987: 552). 이러한 관점에서 보면 모든 문화는 크레올 문화가 아닌가? 우리는 하나 혹은 하나 이상의 다양한 역사적 근원들에 의존한다는 점에서 크레올이 **아닌** 문화를 찾아낼 수 있는가?[7] 어느 음악 연구자는 월드 뮤직에 관하여 이와 유사한 지적을 한다. 즉 "모든 음악은 본질적으로 월드 뮤직이다"(Bor 1994: 2).

질문을 하나 더 던져본다면, 문화적 요소들은 단지 상이한 문화들에서 기원했다는 이유로 서로 다르다 할 수 있는가? 앞서 논의한 것처럼 더욱 자주 문제가 되는 것들은 계급, 신분 집단, 생활양식, 혹은 기능의 견지에서 나타나는 문화적 요소들의 **유사성**이다. 그러므로 논의의 끝을 향해가

표 4.4 동질화 대 다양화

정적	유동적
문화제국주의	문화적 지구화
문화 의존	문화적 상호 의존
문화 헤게모니	문화적 상호 침투
자율성	혼합주의, 종합, 혼종성
근대성	근대성들
서구화	세계적 뒤범벅
문화 수렴	크레올화, 횡단
세계 문명	글로벌 에쿠메네

는 어떤 시점에서 문화적 혼종성이라는 개념 자체를 분명히 하거나 적어도 재작업할 필요가 있다. 지구화의 맥락에서 이것이 의미하는 바를 탐구하기 위해 우리는 동질화로서의 지구화와 혼종화로서의 지구화에 관련된 어휘 및 의미를 대조해볼 수 있다(표 4.4).

지구화/동질화/다양화의 모든 축들에 대한 일부 설명들에서 공히 문화에 대한 영토적인 관점이 드러난다. 그러나 문화의 영토성 자체는 시간이 흐르면서 변화한다. 어느 정도의 시간 동안 우리는 가속화된 지구화와 문화 혼합의 시기에 들어섰다. 이는 물론 문화의 탈영토화를 향한 전반적인 경향 혹은 문화 1에서 문화 2로의 일반적인 이동을 수반한다. 오랜 역사에 걸쳐 지배적 지위를 누리면서 트랜스로컬 문화를 가려온 내향적 문화들은 점차 뒤안길로 사라지고 있다. 반면, 다양한 요소들로 이루어진 트랜스로컬 문화는 더욱더 주목받고 있다. 이러한 전환과 혼종화의 과정들 자체는 종족적 급증, 민족의 종족화(ethnicization), 종교적 부흥 운동으로 구성된 강렬하고 극적인 향수의 정치학을 해방시킨다.

혼종화는 문화들의(문화 1) 상호 교차(crisscrossing)뿐 아니라 (같은 이유에서) 문화 1의 기원에서 문화 2 기원으로 전환하는 것을 가리킨다. 이러한 전환의 또 다른 양상은 진보하는 정보기술과 생명공학으로 인해 다양한 혼종성의 **양식들**이 지평 위로 떠오른다는 점에 있다. 사이보그, 가상현실, 전자 시뮬레이션 같은 혼종적 형식들의 관점에서, 문화 간 차이들은 거대한 지역적 집중에도 불구하고 상대적으로 중요하지 않게 될 것이다. 생명공학은 유전학의 진화적 흐름들, 문화적 진화, 정보기술을 융합한다는 견지에서 "융합된 진화"라는 관점을 제시하며, 문화적 진화 및 정보기술적 모체를 통해 유전적 진화에 개입하는 새로운 전망을 열어젖힌다(Goonatilake 1991).

더 나아갈 방향

첫째, 지구화/혼종화는 경험적 사례를 구성한다. 과거와 현재의 지구화 과정들은 혼종화 과정들로 적절히 설명할 수 있다. 둘째, 그것은 비판적 논쟁이다. 지구화를 동질화 혹은 근대화/서구화 관점으로 보는 입장에 맞서며, 이러한 관점들을 경험적으로 협소하고 역사적으로 단조롭다고 주장한다.

사회학의 진전은 국민국가의 형성 및 민족주의의 진전과 궤를 같이 해왔으며 이러한 과정 이후 사회학적 대상인 사회가 성립되고 사회는 곧 민족이라는 등식이 뒤따랐다. 구조적 기능주의 및 근대화 이론에서 정점을 찍은 이러한 진전은 지구화의 맥락에서 재편성될 상황에 처해 있다. 글로벌 사회학은 ("사회들"보다는) 사회적 연결망, 국경 지대들, 경계 횡단, 디아스포라, 글로벌 사회와 같은 개념들을 중심으로 구체화되고 있다. 다시 말해 민족/사회의 틀거리 내에서 인식되었던 사회학은 혼종적 구성체들, 시간들, 공간들의 포스트국/제주의(postinter/national) 사회학으로 자리 잡을 여지를 마련하고 있다.

구조적 혼종화 혹은 조직적 선택 범위의 증가, 문화적 혼종화 혹은 이전의 상상적 공동체들의 입구 개방 등은 분명 경계들의 말살이 아닌 경계 횡단의 시대를 드러내는 징표들이다. 이에 따라 국가 권력은 전략적으로 남아 있지만 그것만 이용할 수 있는 것은 아니다. 지구화로 인해 국가적 운신의 여지가 줄어드는 반면, 국제적인 제도들, 초국가적 거래, 지역 협력, 하위 국가적 역학 및 비정부기구들의 영향력과 범위는 확장되고 있다(Cooperrider and Dutton 1999).

역사적 관점에서 글로벌 문화의 디아스포라 역사 기술은 이러한 관점을 심화시킬 것이다. 19세기 이후 민족주의라는 지배적 패러다임으로 인해 문화적 성취는 보통 민족을 위한 것이라고 주장되었으며 문화는 "민족화"되고 영토화되어왔다. 앞서 2장에서 본 것처럼, 디아스포라, 이주, 이방인, 중재자들이 문화 형성 및 확산에 기여한 바에 따라 다른 역사 기록이 구성될 수 있다. 이와 관련된 기획은 모국 문화들과 관련된 혼종화의 역사들이 될 것이다. 이는 제국사의 내러티브에 대한 대항역사(counterhistory)이다. 이런 역사적 탐구들은 계속해서 혼종화가 일어나고 있었지만 종교적, 민족적, 제국적, 문명적 국수주의들에 의해 은폐돼왔다는 사실을 드러낼 것이다. 나아가, 이런 탐구들을 통해 혼종화의 시간성을 더 깊이 이해할 수 있을 것이다. 다시 말해 특정한 접합점들은 어떻게 혼종화의 하락이나 상승, 감속이나 촉진을 목도하는가? 이와 동시에, 만약 우리가 문화들은 **계속해서** 혼종성을 띤다는 사실을 받아들인다면, 혼종화는 사실상 동어반복이다. 즉 오늘날 가속화된 지구화는 혼종 문화들의 혼종화를 의미한다.

그 자체로 볼 때 혼종화 관점은 본질주의에 대한 비판이라는 면에서만 의미가 있다. 민족, 국가, 지역, 문명, 종족성의 단위들이 전략적으로 남아 있는 한, 본질주의는 동원의 장치로서 전략적으로 존속할 것이다. 그러한 만큼 혼종화 또한 본질주의와 관련된 접근법으로 자리 잡을 것이다. 혼종성은 낭만적 민족주의, 인종주의, 종족주의, 종교적 부흥 운동, 문명적 국수주의 및 문화본질주의의 근저에 있는 내향적 문화 개념을 해체한다. 그럴 때 혼종화는 내향적 문화 개념에 대한 대항군으로서 의미 있는 관점이 된다. 이와 동시에 혼종화 과정 자체가 내향적 응시를 해체함으로써 혼종화는 마침내 포스트-혼종성 혹은 문화 횡단적 '자르고 붙이기'의 도래를 알린다.

혼종화는 사회적 공간을 재조직화하는 요인이다. 구조적 혼종화 혹은 새로운 사회 협력과 경쟁 관행의 출현, 문화적 혼종화 혹은 새로운 트랜스로컬 문화 표현들은 상호 의존적이다. 다시 말해 새로운 협력의 형식들은 새로운 문화적 상상계를 요청하고 환기시킨다. 혼종화는 사이-안의 사회학, 틈새의 사회학에 기여한다. 이것은 문화에 대한 내생적/외생적 이해의 융합을 수반한다. 미시-거시 결합들의 배치에 관한 한네르츠의 연구(1989) 및 오늘날 지리학과 문화 연구에서 행하는 작업(이를테면 Bird et al. 1993) 등이 이와 관련한 주요 관점들에 속한다.

전 지구적인(global) 인간적 불평등의 조건과 관련하여 혼종화의 관점은 민족, 공동체, 종족성 혹은 계급의 한계를 뛰어넘어 성찰하고 참여하게 한다. 영속적인 것들은 집단 경험의 만화경이 이동함에 따라 파편화되었다. 그것은 계속해서 이동해왔으며 민족, 공동체, 종족성, 계급의 영속성은 성찰과 조직화가 수용할 수 있는 것보다 복잡하고 미묘한 경험들이 겹친 격자가 되었다.

5

혼종성, 그래서 어찌할 것인가?
반혼종성의 반격과 인정의 수수께끼

오늘날 나타난 변화 중 하나는 차이의 정치학에 열린 태도를 들 수 있다. 차이와 인정의 문제가 중요해짐에 따라 새로운 문제들이 발생한다. 정체성의 정치학이 표면화됨에 따라 이해관계의 정치학(interest politics)은 이제 희미해지고 있는가? 정체성과 계급, 인정과 사회 정의의 관계성은 어떠한가? 차이들 중에서도 가장 심각한 전 지구적 개발 격차를 인정하는 문제는 어떠한가? 이러한 물음은 "타자들"을 받아들이는 시점 혹은 우리가 어떠한 경계들에 따라 "타자들"을 식별하는가 하는 문제에 집중되어 있다. 차이를 받아들인다 하더라도 "내적 차이"에 대해서는 어떠한가? 불규칙하거나 '사이-안'이라는 범주들에 속하면서 정체성들의 결합에 관여하는 존재들에 대해서는 어떠한가? 인정이란 어느 정도까지 가능한 지식 범주 및 인식의 틀로 기능하는가? 그러한 범주 및 틀거리 안에서 자아와 타자는 인식 혹은 승인할 수 있는가? 인정은 기존의 사회관계들을 코드화해온 범주적 의미를 확장할 뿐 아니라 재순환시킨다는 점에서 재생산적 이행이라고 말할 수 있는가? 그럴 때 인정은 사회 경계들을 확장하거나 재평가하기는 하지만 위반하지는 않는다. 인정의 정치학은 어느 정도로—하나의 정체성이 추가로 승인되면 또 다른 정체성 하나가 배제되는—의자놀이의 정치학이라고 할 수 있는가? 하나의 정체성에 이목이 집중되면 다른 하나는 그림자처럼 사라져야 하는가? 인정의 정치학은 가까이 다가오면 후퇴하는 사회적 지평을 추구하는가? 진보(라는 그토록 어려운 단어)는 달성뿐만 아니라(어떠한 달성도 부분적이거나 대가를 요구하기 때문에) 과정과 운동이란 관점에서도 어느 정도 측정되는가? 나아가 과정에 대한 그러한 승인은 무엇을 수반하는가?

"인정"은 인식된 차이들을 기꺼이 사회적으로 혹은 공공연히 승인하거나 긍정하려는 태도를 의미한다. 그러나 인식되지 못하는 차이들에 대해서는 어떠한가? 인정과 차이는 사회적·문화적 지도에서 이용 가능한 정체성들과 경계들을 유지시킨다. 인정은 인식에 관한 투쟁 과정의 일부이다. 혼종성은 인정의 수수께끼로 향해가는 여행이다. 하이브리드들은 사회적 배치에 속한 어떠한 활동에서도 간과되고 있다. 또한 다문화주의의 합의와 대다수 모델들에서 계산되지도 수용되지도 않는다. 그래서 어찌할 것인가? 5장에서는 이러한 문제를 논의한다. 2000년 미국 인구조사는 처음으로 다중 정체성(multiple identification)을 허용했음을 알 수 있다. 처음으로 예컨대 백인, 아프리카계 미국인, 라틴계 미국인 혹은 이 모든 정체성을 합친 것을 자신의 정체성으로 인정할 수 있게 되었다. 다중 정체성에 대한 이와 같은 공공연한 인정은 공식 인정된 인원수에 비례해 재정 지원을 받는 소수 민족들에게 특히 논란거리가 되어왔다.

이와 관련하여 첫 절에서는 혼종성의 다양성 및 오늘날 혼종성이라는 용어가 적용되는 현상들의 범위가 확장되고 있는 사태를 다루고 있다. 반혼종성 논의들에 따르면 혼종성은 진정성이 없는 "다문화주의의 아류"이다. 최근의 반혼종적 반격을 검토하면 혼종성에 대한 우리의 관점을 심화하고 정교화할 기회를 얻을 수 있다. 이러한 논쟁들에서 간과되고 있는 것은 역사적 깊이의 문제이다. 그래서 세 번째 절에서는 **장기 지속**을 다루면서 역사적으로 다층적인 **혼종성의 층위들**을 제안한다. 네 번째 절에서는 경계의 정치학을 다룬다. 결국은 역사상 공통된 혼종성이 아니라 경계들과 경계 페티시즘을 향한 사회적 성향이 문제가 되기 때문이다. 혼종성은 본질로 자리 잡아온 경계들의 관점에서만 일반적으로 주목할 만하다. 혼종성이 의미하는 바는 시간의 흐름에 따라, 그리고 문화적 차이에 따라 다르게 나타난다. 이는 혼종성의 다양한 패턴들을 형성한다. 이제 애초의 질문으로 돌아가 보자. 그래서 어찌할 것인가? 혼종성은 경계들을 문제시한다는 점 때문에 중요하다.

혼종성의 다양성

라틴록(Latino rock) 이후 최근에 떠오르고 있는 것은 광둥어와 태평양 연안 미국(Pacific American) 스타일이 결합된 만다린팝(Mandarin pop)이다. 최초로 그것에 영감을 준 이들은 일본 대중 발라드를 만다린 스타일로 리메이크한 홍콩의 가수들이다. 일본과 미국의 형식들이 이미 혼합된 일본 발라드는 예를 들면 색소폰 소리를 배경으로 넣곤 했다. 만다린팝〔혹은 만도팝(Mandopop)은 태평양 연안 중국 디아스포라의 사운드스케이프(soundscape: 사운드의 초국가적 이동—옮긴이)〕를 구성한다. 청중은 중국, 홍콩, 대만의 청소년들에서 성공한 2세대 중국 이민자들에 이르기까지 다양하다(Tam 2000).

많은 이들이 혼종성을 생각할 때 이러한 종류의 문화적 현상들을 염두에 둔다. 우리는 이를 혼종성의 월드 뮤직 모델이라 부를 수 있다. 일반적 특징들은, 근래의 새로운 문화적 표현들과 관련된다는 점이다. 이러한 문화적 표현들은 기존의 결합들을 재결합하며, 주로 도시에 거주하는 신흥 계층을 청중으로 삼고 표현 범주도 제한돼 있다. 또한 새로운 계급이나 계층의 취향을 반영하기 때문에 의미가 있다면, 그 의미는 제한돼 있다.

새로운 혼종 형식들은 이동성, 이주, 다문화주의의 결과로 발생하는 심원한 변화들의 중요한 지표들이다. 그러나 혼종성의 사유는 기존 혼종성 혹은 오랜 혼종성과도 관계를 맺음으로써 과거와 현재의 문화적·제도적 배치들에 관한 다른 방식들에도 관여하게 된다. 이는 사물들이 더 이상 과거의 방식으로 존재하지 않을 뿐 아니라, 실제로도 과거의 방식으로 존재하거나 고려되지 않았음을 시사하는 더욱 급진적이고 예리한 시각이다.

얼마간 혼종성은 문화 연구를 주도한 주제였다.[1] 이는 인류학에서 혼합주의, 언어학에서는 크레올화와 같은 더욱 오랜 주제들을 계승한다. 문화 연구에서 혼종성은 점증하는 이주와 디아스포라적 삶, 문화 간의 소통, 일상의 다문화주의 및 경계가 침식되는 세계에 걸맞게 폭넓은 목록을 자랑하는 다층적 정체성, 횡단, 컷 앤 믹스, 경험, 스타일을 의미한다. 혼종성에 낙관적인 입장들을 따르자면 "하이브리드들은 문화 충돌에서 윤활유로 인식되었다. 또 외국인 혐오로부터 자유로운 미래를 보장할 협상가들이었다"(Papastergiadis 1997: 261). 이처럼 환영할 만한 도구적 관점은 혼종성 자체가 하이브리드들의 경험처럼 의미 있다는 점을 간과할 수 있다. 어느 아프리카계 독일인은 다음과 같이 쓰고 있다.

> 나는 국가사회주의의 끔찍한 시기에조차 '물라토'여서 항상 좋았다. 나는 내 안의 흑과 백을 매우 잘 다룰 수 있었다. 언젠가 동료 한 명이 끔찍한 1940년대 동안 물라토로 살아가야 했기에 몹시 불행했는지 물었던 기억이 난다. 나는 "아니다. 당신도 알다시피 나의 종족적 기원 때문에 내가 경험했던 삶을, 당신은 평생 결코 경험하지 못할 것"이라고 말했다.(Beck 1998: 125에서 재인용)

혼종성의 사유는 오직 순수성의 가정에 대해서만 의미가 있는 "의존적"

사유로 비판받아왔다(Young 1995). 게다가 최근 혼종성 사유에 대한 격렬한 반격이 나타났다. "혼종성은 정통을 벗어나고, 근본이 없으며, 엘리트만을 위한 것으로 사회 현실을 실제 현장에서 반영하지 않는다. 혼종성은 다문화주의의 아류로서 표면적인 문화 조각들을 강조하며 현실에 존재하는 깊은 분열들을 얼버무리고 넘어간다." 이처럼 혼종성에 반발한 이들에 따르면, 혼종성은 종족적·문화적으로 구분된 세계에 대한 19세기 지방 편협성을 다시금 불러일으키며, 오늘날 이러한 부활과 재접합은 당황스러운 일이다. 필자는 혼종성을 역사에 깊숙이 뿌리내리고 있는 매우 일상적인 무엇으로 이해한다. 사실은 혼종성이 아니라 역사의 상당 기간 특징이 되어온 경계 페티시즘이 문제시된다. 역사가 이런 식으로 인식되어서는 안 된다거나 혼종성이 예외적이고 유별난 것으로 간주되어야 한다는 주장이야말로 당황스럽다. 게다가 서론에서 언급되었듯이, 필자 자신이 혼종적이다. 반혼종성의 반격에 관여함으로써 혼종성의 관점에 더욱더 천착할 수 있으며 논쟁을 통해 사안이 더 명료해질 것이다.

우선 고려할 사항은 현상과 관점으로서의 혼종성이 다양하다는 점이다(표 5.1을 보라).

하나의 과정으로서의 혼종화는 역사의 흐름만큼 오래되었지만 혼합의 속도는 가속화되고 있고 범위는 문화 접촉의 새로운 국면들을 창출하는 신기술들처럼 주요한 구조적 변화들에 따라 확장해가고 있다. 오늘날 가속화된 지구화 또한 새로운 국면이다. 새로이 출현하는 혼합들의 주요 영역은 이주와 디아스포라, "신흥 시장들"의 새로운 근대성들과 관련하여

표 5.1 혼종성의 다양성

새로운 혼종성: 문화적 그리고/또는 제도적 형식들의 새로운 결합. 역학: 이주, 교역, 정보와 커뮤니케이션 기술들(ICT), 다문화주의, 지구화. 분석: 새로운 근대성들. 예시: 펀자비팝(Punjabi pop), 만다린팝, 이슬람교적 패션쇼.	전통적 혼종성: 기존의 문화적, 제도적 형식들은 이미 트랜스로컬 교차 문화적 결합들이다. 역학: 문화 간 교역, 정복 및 접촉. 분석: 콜라주 역사. 예시: 매우 많음.
객관적: 외부인들의 관찰에 따름.	주관적: 경험 및 자의식에 따름.
과정: 혼종화.	담론 및 관점: 혼종성 의식.
결과: 혼종적 현상들.	

발생하는 중간 계급들과 그들의 문화적·사회적 실천들이다. 거의 20년에 이르는 기간에 아시아의 호랑이(Asian Tiger)라 불린, 경제성장에 성공한 나라들과 신흥 시장들의 성장률은 서구 국가들보다 2배나 높았다. 이는 새로운 기술이 폭넓게 적용되었고 새로운 사회적 규범 및 소비 패턴들이 나타났음을 의미한다. 이는 주로 신기술을 기존의 사회적 관행과 문화적 가치들에 결합하는 융합(fusion) 문화들이다. 닐뤼퍼 굌(Nilufer Göle)은 "무슬림들과 모더니티의 혼종화"라는 관점에서 터키 이슬람 문화의 변화들을 논의한다(2000: 112).

> 터키의 맥락에서 관찰될 수 있는 바, 무슬림들은 최신 모델의 매킨토시 컴퓨터를 사용하고 베스트셀러 책들을 출판하며 정치적·문화적 엘리트의 일환이 되어 선거에서 승리하며 사립대학들을 설립할 뿐 아니라 새로운 공공 공간들을 주조하고 새로운 대중 인지도를 지지하며 새로운 무슬림 생활방식과 주체성을

창안한다. …… 이슬람교의 서비스 부문은 무슬림 방식의 휴양 시설들을 광고하는 호화 호텔들을 제공한다. 이 호텔들은 분리된 해변과 무알코올 음료를 제공한다. 무슬림 의상과 패션쇼, 무슬림 시민사회 연합들, 무슬림 종교 재단, 무슬림 기업 연합들 및 무슬림 여성의 활동 기반 모두 역동적이면서도 엄격한 사회적 실재를 증명한다.(Göle 2000: 94)

그토록 오래 혼합을 실천했다면, 혼합을 하나의 담론 및 관점으로 주제화하는 것은 대단히 새롭다. 어떤 의미에서 그것은 1980년대부터 시작되었다. 좀더 넓은 의미에서 브리콜라주와 즉흥 작업 같은 일반 주제와 관련이 있다. 관련 계보는 정신분석학을 포함하면서—꿈, 농담, 프로이디안 슬립(Freudian slips: 은연중에 속마음을 드러내는 실수—옮긴이), 상징과 같은—매우 다양한 현상들을 정신분석학적 진단에 관련된 새로운 표제들로 묶어낸다.[2] 정신분석학은 니체에서 19세기 소설과 예술에 이르는 감성들을 모두 다루었다. 다다이즘(1920년대에 프랑스, 독일, 스위스의 전위적인 미술가와 작가들이 본능이나 자발성, 불합리성을 강조하면서 기존 체계와 관습적인 예술에 반발해 일으킨 문화 운동—옮긴이)은 대상과 관점의 혼합을 특질로 삼았으며 콜라주에 영감을 주었다. 마르셀 뒤샹(Marcel Duchamp: 미의 개념을 새롭게 정의한 프랑스의 혁명적인 미술가. 마르셀 뒤샹이 남성용 소변기 같은 소재를 활용해 '레디메이드'란 새로운 개념을 창안한 이후 미술은 완전히 다른 것이 되어버렸다—옮긴이)은 예술 자체를 혼종화했다. 초현실주의는 이러한 계보들을 따라 더욱 진전하여 개념미술과 설치미술을 혼종화했다.

혼종성의 작용 영역은 시간이 흐르면서 급격히 확산되었다.

- 혼종성이라는 용어는 목농주의, 농업 및 원예술에서 기원한다.[3] 혼종화는 하나의 식물이나 과실을 다른 식물이나 과실에 접붙여 새로운 결합체들을 발육시키는 것이다.
- 응용이 더욱 진전된 분야는 유전학이다. "인종"에 대한 확신이 지배적인 역할을 했을 때, 이종 혼합과 "인종 혼합"의 개념들이 두드러졌다.
- 이전에 혼종성은 그리핀 같은 다양한 동물들의 결합이나 켄타우로스와 사티로스 같은 동물과 인간의 결합을 가리켰다. 이제는 사이보그〔특수 환경 적응 생체(cybernetic organisms)〕, 인간이나 동물이 기술과 결합되는 것(신원 확인용 칩을 지닌 애완동물, 유전공학)을 가리킨다.
- 혼종성은 종교인류학과 혼합주의라는 주제를 통해 사회과학에 처음으로 들어섰다. 로저 바스티드(Roger Bastide)는 혼합주의를 "상이한 두 가지 전통의 신화 역사적 조각들을 단일하게 질서 잡힌 체계로 통합하는 것"(1970: 101)으로 규정했다.
- 언어학에서 크레올 언어와 크레올화는 차후에 사회과학적 이해관계에 관여하게 될 분야였다. 다성성(polyphony)에 대한 바흐친의 작업이 이와 관련된 부문을 발전시켰다. 이윽고 크레올화는 더욱 광범한 메타포가 되었다(이를테면 Richards 1996).
- 오늘날 혼종성 사유의 주된 요점은 예술을 포함하여 문화적 혼종성에 관련된다(이를테면 Harvey 1996).

- 또 다른 부문들은 거버넌스를 포함한 구조적이고 제도적인 혼종화에 관련된다(Ruijter 1996과 앞의 4장을 함께 참조하라).
- 조직적 혼종화(Oliver and Montgomery 2000)와 관리 기술에서의 다양한 문화적 영향들도 일반적인 주제들이다(이를테면 Beale 1999).
- 과학의 간학제성은 생태경제학 같은 "새로운 하이브리드들"을 낳았다(McNeill 1999: 322).
- "메뉴들은 점차 문화적 혼종성의 기념비가 되었다"(Warde 2000: 303).
- 모든 것에서 가장 공통된 특징은 정체성, 소비 행위, 생활방식 등에서 일어나는 일상적 혼종성이다.

국제 관계, 교육, (가솔린과 전기를 결합한) 하이브리드 자동차 등에서 보듯이 오늘날 혼종성은 끝없이 이동하고 확산한다. 그러나 혼종성에 대한 최근의 논쟁은 오직 문화적 혼종성만을 고려한다. 이는 앞서 지적한 영역들 가운데 아주 좁은 부분만을 포착할 뿐이다. 혼종성의 월드 뮤직 모델은 최근의 문화적 혼합들만을 감안함으로써 논의가 더욱 한정된다. 오늘날의 반혼종성 주장들에서는 혼종성의 다양성이 고려되지 않을 뿐 아니라 다른 근본적인 고려 사항들 역시 기이할 정도로 간과되고 있다. 예컨대, 첫째는 **장기 지속**의 관점에서 본 혼종성의 역사적 깊이이다. 둘째는 경계와 국경이 삶이나 죽음의 문제가 될 수 있는 상황이다. 이런 경우 혼종성을 수용하지 못한 데서 파생되는 효과들은 생존과 직결되는 정치적 문제로 이어진다.

결국 반혼종성의 반격은 사소한 논쟁에 불과하다. 문제는 혼종성을 옹호하느냐 아니냐가 아니라 혼종성을 어찌할 것인가, 혼종성의 중요성은 무엇인가, 등의 질문과 관련되어 있다. 이를 더욱 진전시키면 혼종성의 다양성을 풀어헤쳐 혼종성의 패턴을 구분해내게 된다. 한편, 이러한 질문 이면에는 경계들을 어찌할 것인가 하는 문제가 자리 잡고 있다.

반혼종성의 반격

혼종성 논쟁의 특정한 해석들과 혼종성 사유의 기이함을 비판하는 목소리는 낯설지 않다. 가장 눈에 띄는 결점은 혼종성이 권력과 불평등의 문제들을 도외시한다는 것이다. "혼종성은 동등성(parity)이 아니다."[4] 어떤 이들은 서로 다른 수준들을 구별하지 못한다. 말하자면 "하이브리드들의 승리는 사실상 신자유주의적 다문화주의의 승리이다. 그것은 곧 글로벌 자본주의의 승리에 일조한다"(Araeen 2000: 15). 혼종성 사유를 이처럼 대대적으로 거부하는 주장은 본 논의에서 다루는 반혼종성의 반격이라는 별개의 범주에 속한다. 다음 논의에서 혼종성의 사유에 맞서는 대부분의 주장들은 시야가 좀더 넓은[5] 인류학자 조너선 프리드먼(Jonathan Friedman 1997, 1999)에게서 나왔다. 반혼종성 주장들과 이에 대한 답변들은 표 5.2에 요약되어 있다.

표 5.2 동질화 대 다양화

혼종성 반대	혼종성 옹호
혼종성은 본질주의 비판으로만 의미가 있다.	사방에 본질주의가 넘쳐난다.
식민주의 시기들은 진정 그토록 본질주의적이었던가?	하이브리드들이 경멸될 정도로 충분히 그러했다.
혼종성은 의존적인 개념이다.	경계들 또한 그러하다.
모든 문화와 언어가 혼합되어 있다는 주장은 진부하다.	순수성에 대한 주장들이 오래도록 지배적이었다.
혼종성은 그것이 자기 정체화(self-identification)인 한에서 문제가 된다.	혼종적 자기 정체화는 계급화 경계들에 의해 차단된다.
혼종성 담론은 서구 헤게모니를 쇠퇴시키는 기능을 한다.	혼종성 담론은 다른 헤게모니들도 불안정하게 만든다.
혼종성 담론은 코스모폴리턴들로 구성된 새로운 문화 계급에 의해 수행된다.	이는 전통적인 문화 계급인 경계 폴리스(boundary police)에게 자격을 부여하는가?
"실재적인 룸펜프롤레타리아트 국경 횡단자들(border-crossers)은 국경이 야기하는 두려움 속에서 계속 살아간다."	국경 횡단적인 지식은 생존 지식이다.
"혼종성은 동등성이 아니다."	경계들 역시 대개 도움을 주지 못한다.

"혼종성은 본질주의의 비판으로만 의미가 있다"

사방에 본질주의가 넘쳐난다. 경계 페티시즘은 오래도록 많은 집단들에서 규범으로 자리 잡아 왔다. 민족의 뒤를 잇는 경계 페티시즘의 최근 형식들 중 하나는 "종족성"이다. 또 다른 물화는 "로컬"이다. 프리드먼은 앞에서의 진술을 인용한 후(Nederveen Pieterse 1995: 63) "혼종화는 정치적이고 규범적인 담론"(1999: 242)이라는 결론을 내린다. 그러나 실제로는 본질주의와 경계 페티시즘 또한 그러하다. "증식하는 디아스포라의 세계에서 일어나지 않는 일들 중 하나는 경계들이 사라진다는 것이다"(241). 그러나 이것은 사안을 너무 단순하게 뭉뚱그린 주장으로서 의미가 없다. 경계 횡단적이고(crossboundary) 국경 횡단적인 활동들은 전반적으로 증가 추세에 있다. 예를 들면 국제 관계와 국제정치경제학 분야의 상당히 많은 작업들이 이를 입증한다. 여기서 경계들의 침식은 동시대 및 지구화에 대한 가장 일반적인 설명의 하나로 나타난다.

식민주의 시기들은 정말로 그토록 본질주의적이었나?

이것은 영(1995)이 제기한 질문이다. 우리는 여기서 다층적인 수준들을 구별할 수 있다. 먼저 국경 횡단이 빈번했던 실제적 사회관계들이 자리 잡고 있다. 또한 주류 및 주변 담론들 간을 순환하며 변화하는 담론이 있다. 담론과 재현 또한 복잡하고 다층적이었다. 예컨대 오리엔탈리즘 모티프들의 뒤범벅이 그러하다(이를테면 Mackenzie 1995, Clarke 1997). 그럴 경우 역사는 양가성, 유인과 저항, 이중 견해, 지그재그 운동의 역사라고 말할 수 있겠지만, 그럼에도 불구하고, 19세기 및 20세기 초의 식민 세계는 유럽 중심적 차이, **경멸**, 차별의 파토스에 깊이 스며들어 있었다.[6] 역사상 틈이 날 때마다 숱하게 터져 나왔던 저항들도 백인의 책무(White Man's Burden)와 **문명화 사명**(mission civilisatrice)의 **총체적** 파토스나 이로 인한 결과들을 무효화하지 않는다.

그러나 제국주의적 변경들은, "문명인"과 "야만인"이 서로 대면하고 접촉하는 지리적 변경들(frontiers)일 뿐 아니라 식민적 "흑인 차별"의 형식처럼 제국화된 사회를 관통하는 신분과 종족성의 변경이기도 하다. 여기서 식민주의자들과 피식민자들은 분리되어 있으면서도 만난다. 여기서 노예주들과 노예들은 서로 얼굴을 마주한다. 그리고 제국주의적 기만이 극대화되고 증오가 가장 강렬해지는 바로 이곳에서, 불안정한 제국주의적 기획이 펼쳐지고 패러독스가 엄습한다. 왜냐하면 이러한 변경은 가장 격렬한 모순들 가운데서 **물라토**, **메스티소**, 하프카스트라는 가장 기묘한 문화적·유전적 종합에 이르는 **유전 변증법**(genetic dialectic)이 일어나는 장소이기도 하기 때문이다. 메스티소는 제국과 해방 변증법의 화신이다. 제국의 시기에 메스티소가 (제국 및 인종의 토대를 파괴하는) 괴물, 불능한 하이브리드, 불가능을 체현한 두려움의 대상이 되었다는 사실은 놀랄 일이 아니다. 메스티소는 변경의 양쪽에서 억압받고 있는 유인(attraction)의 살아 있는 증거이다. 메스티소는 동양과 서양이 만**났음**을, 그리하여 인류가 양쪽 모두에 존재함을 입증한다(Nederveen Pieterse 1989: 360-361).

혼종성은 의존적인 개념이다

"인종주의적 순수성에 맞선 투쟁에서 혼종성은 잡종(mongrel)이라는 독립적이라기보다는 의존적인 관념을 환기시킨다. 혼종성은 본질주의와 분투하는 대신 단지 그것을 혼종화한다"(Freidman 1999: 236). 잡종, 하프카스트, 혼혈(mixed race), 메티스, 메스티소는 식민 세계에서 일종의 금기시되는 형상이었다. 지나치게 많은 파토스가 경계들에 투여되었을 때 경계 횡단(boundary crossing)은 위험한 접촉들을 필요로 했다. 생물학적 용어로 사유하던 시대에 경계들은 생물학적으로 표현되었으며("인종"), 나아가 경계 횡단 역시 그러했다. 불랭빌리에 백작(Comte de Boullainvilliers)과 고비노에서부터 휴스턴 스튜어트 체임벌린(Houston Stewart Chamberlain)과 히틀러에 이르는 계보에서 신분, 계급, 인종, 국가들은 모두 **생물학적** 실체들로 간주되었다(Nederveen Pieterse 1989: 11장 비교).

세기의 전환기에 이르러, 유전자 혼합이 신체를 쇠약하게 한다는(타락) 지배적 관점에서, 유전자 혼합은 활기를 북돋고 계통들 간의 다양한 결합은 **혼종적 생기**를 생산한다는 멘델 유전학적 관점으로 초점이 옮겨가면서 유전학은 일종의 패러다임 전환을 경험했다. 이러한 원칙은 오늘날에도 여전히 식물육종 부문의 기업들을 이끌어주고 있다. 사회적·문화적 혼종성의 사유는 이를 더 진전시켜 하프카스트들의 가치를 다시금 발현시킨다. (19세기 소설들, 정신분석학, 모더니즘, 브리콜라주에서) 혼종적 인식은 점차 부상하고 20세기 후반에 더욱 분명해진다. 이 점은 (**데카당스**의 주제에서 재현된 것과 같은) 귀족 정치의 쇠퇴, 부르주아 헤게모니, 20세기 후반 이후 이 헤게모니의 교체 및 재작업에서 사회학적 위치를 부여받을 수 있도록 한다.

하나의 관점으로서 혼종성은 차이, 순수성, 고정된 경계들에 대한 선험적 가정 **없이는** 의미를 갖지 못한다. 서술이 부정확하거나 허위라서가 아니라 경계들에 대한 기존의 고려 없이는 무가치하다는 점에서 그러하다. 순수성과 경계들, 곧 차이의 위계와 변화 정도에 대한 선험적 파토스를 참조할 수 없다면, 혼종성의 요점은 비현실적인 것이 되어버린다.

모든 문화와 언어가 혼합되어 있다는 주장은 진부하다(Friedman 1999: 249)

진부하다고? 아득한 옛날부터 언어, 종교, 민족, 인종, 문화, 신분, 계급, 성에 대한 관점들과 같이 순수 기원과 순수 계보에 관한 관념이 지배하지 않았던가? 성직자의 관점은 신성한 종교적인 기원들에 집중되었다. 가부장적 관점은 완강한 젠더 경계를 가정했다. 귀족주의적 관점은 귀족 혈통을 장려했다. 철학적 관점은 헤르더와 이후의 "아리안(Aryan)" 테제와 더불어 언어를 민족적 특질의 저장고로 보았다. 인종을 바라보는 시각은 인종적 위계를 수반했다. 베스트팔렌 체제는 주권을 영토적 국경들 내부에 가두어버렸다. 그후 민족과 국수주의가 도래했다. 이 모든 관점은 공히 순수 기원, 강력한 유대, 확고한 국경들에 몰두한다. 오늘날 기원과 계보의 혼합을 인정하는 것은 주체성과 의식에 대한 급격한 변화를 암시한다. 물론 이러한 변화는 사회 구조 및 관습의 급격한 변화와 맞물려 있으며, 머지않아 다양한 제도들로 전환될 또 다른 에토스를 암시한다. 이를 진부하다고 간주하는 것은 역사에 대한 크나큰 오독이다.

혼종성은 그것이 자기 정체화인 한 문제가 된다

"혼종성이 사회 현상으로 존재하기 위해서는 사회적 상호작용에 참여하는 이들이 그렇다고 인식할 수 있어야 한다. 이는 사람들이 그렇게 인식하지 못하는 곳에서는 문화적 혼합의 실상이 사회적 의미를 갖지 못한다는 뜻이다 …… 혼종성은 보는 이의 생각에 달려 있다. 혹은 좀더 정확하게 말하자면 보는 이의 실천에 달려 있다"(Friedman 1999: 249, 251).

혼종적 자기 정체화는 사실상 일반적이다. 이런 예들은 2세대 이주자들에서, 하이픈으로 연결된 두말할 필요 없는 정체성들에서 분명하게 드러난다. 골프 챔피언 타이거 우즈(Tiger Woods)는 스스로를 "백인(Caucasian), 흑인(Black), 인디언(Indian), 아시아인(Asian)의 혼합"인 "캐블리내시안(Cablinasian)"이라고 주장한다(Fletcher 1997). 일부 흑인이기도 하고 아시아인이기도 하며 토착 미국인이기도 한 도널드 이(Donald Yee)는 이러한 입장에 공감할 수 있다. "인종에 관한 질문지를 작성할 때 미스터 이는 자주 '다인종적인(multiracial)'이라는 항목에 체크한다. 이런 선택 항목이 없다면 흑인이나 아시아인 중 하나에 체크한다. 그는 '그 무엇도 나를 괴롭히지는 못한다'고 말했다. '그것이 나를 완전히 설명하지 못한다는 사실만이 문제가 될 뿐이다'"(Fletcher 1997).

카리브해의 크레올화, 라틴아메리카의 메스티사헤, 아시아의 퓨전은 일반적인 자기 정의들이다. 어떤 나라들에서는 민족 정체성이 과할 정도로 혼종적이다. 잔지바르가 대표적인 경우이다(Gurnah 1997). 멕시코와 브라질은 자체를 혼종 문화와 동일시한다. 네팔은 티베트, 중국, 갠지스강 평지의 인도 문화가 혼합되어 있으며(Bista 1994) 부탄 역시 마찬가지다. 싱가포르적 정체성은 종종 앵글로차이니스(Anglo-Chinese)로 지칭된다(Wee 1997).

그렇다 하더라도, 혼종성에 관여할 때 자기 정체화만이 문제가 된다는 시각에는 몇 가지 문제점이 있다. (1) 분명한 문제는 혼종적 자기 정체화를 어떻게 모니터할 것인가에 있다. 이는 대부분의 계급화 체계들과 측정도구들이 다층적이거나 사이-안적인(in-between) 정체화를 허용하지 않기 때문이다. 미국에서 "주(州)들은 1967년까지 혼혈 결혼을 법으로 금지했다. 1945년에는 반 이상의 주들에 인종 간 출산에 반대하는 법령들이 있었다. 19개의 주들이 1966년에도 여전히 해당 법령들을 유지하고 있다"(Fletcher 1997). 미국의 인구조사는 좋은 예가 된다. 2000년의 인구조사는 상당한 저항과 분분한 논쟁들 가운데서도 요컨대 아프리카계 미국인, 라티노 등과 백인을 포함하는 다층적 자기 정체화를 처음으로 허용했다. (2) 사이-안적 존재들에 대해서는 어떠한가? 혼종성 사유의 요지는 사이-안적 존재들이 계속해서 다수로 존재했으며, 구조적 변화로 인해 수가 더욱 증가한다는 점이다. (3) 보는 이의 생각만이 중요한가? 인식론적 원칙에 따라 토착민처럼 살려고 하는 것인가? 대부분의 중세 사람들이 지구가 편평하다고 믿었다고 해서 지구가 정말로 편평**했는가**? 1840년대와 1950년대 사이 많은 이들이 인종차별주의에 젖어 있었기 때문에 인종들이 존재했는가? 혹은 대부분의 사람들이 그렇게 생각하는 한에서만 그러했는가? 국가사회주의 치하 다수 독일인의 생각처럼 유대인들은 사악했는가? 언제부터 **민심은 천심**이었는가? 이것은 원칙적으로 받아들이기 힘들고 실제로 유지할 수도 없다.

혼종성 담론은 서구 헤게모니를 쇠퇴시키는 기능을 한다

유럽 중심적 식민주의, 제국주의, 인종주의 세계가 과거의 세계라는 점에서 이러한 주장은 사실이다. 그런데 혼종성 담론은 세계의 중심인 중국(China the middle kingdom), 일본 순수 일족(Japanese race)의 신화(Yoshino 1995), 인도 브라민들(Brahmins), 스리랑카의 신할라(Sinhala) 불교도들과 자신들이 '아리안'족에서 기원했다는 주장, 이스라엘과 유대 국가, 아나톨리아(Anatolia)에 중심을 둔 케말주의 터키 문화, 그리스인들의 그리스다움(Greekness) 같은 또 다른 중심주의들과 헤게모니들을 간과한다는 비판을 받을 수 있다. 그렇기에 이런 주장은 부분적으로만 진실성을 갖는다. 모든 헤게모니에 있는, 순수성 주창은 권력의 요구에 부응한 측면이 있다. 이는 민족, 종족성, 혹은 인종의 경계들뿐 아니라 신분에 관한 모든 경계들에 적용된다. 교회는 이교도 신앙들을 탄압해왔다. 귀족과 나아가 부르주아 계급은 신분이 낮은 사람과의 결혼(mésalliance)을 경멸했다. 신분은 경계들을 요구하며 경계들과 더불어 경계 보안(boundary policing)이 발생한다.

혼종성 담론은 헤게모니를 추구하는 코스모폴리턴들의 새로운 문화 계급에 의해 수행된다

혼종성은 "새로운 '엘리트적' 시선"을, "새로운 코스모폴리턴 엘리트" (Friedman 1999: 236, Ahmad 1992 비교, Dirlik 1992)를 표상한다. 여기에 빈정거림이 개입한다. 개념에 대해 논의하기보다는 **인신공격적인**(Ad hominem) 사유, 곧 어떤 개념을 옹호하는 이들의 동기를 비방하는 것은 세련된 논의 방식이 아니다. 그렇다면, 우리는 동질성을 이야기하는 이들의 동인들을 논의해야 하는가? 이른바 노동계급과 "편협한" 덕목들 대신 경계들을 언급하는 이들에 대해? 노동계급 주민들과 코스모폴리턴 멍청이들 간에 거짓된 대립을 만들어내는 이들에 대해? 프리드먼에 따르면 "코스모폴리턴들은 모더니티의 산물로, 개인들의 공유된 경험은 어떤 착근성(rootedness)의 상실에 바탕을 두고 있다. ……코스모폴리턴들은 도시적인 이고 '근대적인' 것과 동일시한다. ……그들은 민족적 종족적 정체성들의 용서받지 못할 적들이다"(1999: 237).

코스모폴리터니즘에 대한 혐오와 도시 생활의 타락은 히틀러의 견해나 피와 땅을 내세우는 나치 이데올로기를 구성했다. 그것과 더불어 독일 농민에 대한 나치적 이상화와 함께 반유대주의도 나타났다. 1935년의 독일 문헌에 따르면, "도시로 이주할 때 민족은 위협받는다. 민족은 세대를 거치며 쇠약해진다. 이는 민족이 대지(the earth)와의 생생한 접속을 결여하기 때문이다. 독일인이 살아남고자 한다면 자기 토양에 뿌리를 내려야 한다"(Linke 1999: 199에서 재인용).

요소들의 이러한 결합을 발견하면 정말 기이한 느낌이 든다. 우선 그것은 이데올로기적인 담론이지 분석적인 담론이 아니다. 간략한 답변들은 다음과 같다. (1) 코스모폴리터니즘의 구체적인 담론은 실제로 이러한 맥락에 속해 있지 않다. 여기에는 어떠한 필연적 관계성도 없다. 하지만 그것이 받아들여진다면 누군가는 오히려 인류가 코스모폴리턴 종(種)이라고 말할 것이다. 다양한 생태학적 환경에 적응하는 것은 인간 고유의 특성이다. (2) 물론 이러한 관점이 수용되지 않는다면, 코스모폴리터니즘은 여전히 모더니티 이전의, 이동하는 장인, 상인, 순례자들이 수놓은 문명 간의 여행으로 되돌아간다. (3) 여기서 암시하듯 환기된 스테레오타입은 또 다른 아하스베루스(Ahasverus) 혹은 방랑하는 유대인의 스테레오타입을 상기시킨다. (4) 왜 혹은 어떤 잣대에 의해 '착근성'은 규범으로 드러나는가, 혹은 규범이 되어야만 하는가? 노마디즘(nomadism)과 순회(itinerancy)의 기록 또한 오랜 역사를 자랑하지 않는가? (5) (적어도 그것이 적용된다면) 왜 도시적인 것과의 친연성은 필연적으로 민족적·종족적 정체성들에 대한 원한을 수반하는가? 낭만주의자들은 다르게 사유했다. 도시들은 지역적 정체성뿐 아니라 민족 정체성에도 핵심이었다. (6) 프리드먼에 따르면, "이상적인 형식으로서의 근대주의적(modernist) 정체성은 반종족적이고 반문화적이며 반종교적이다"(1999: 237). 이 맥락에서 "반문화적"이라는 것은 그저 이치에 맞지 않다. 분명 모더니즘에 대한 이러한 입장은 헤르더와 낭만주의적 사유를 배제한 채 단 하나의 이상적인 모더니티 형식을 가정한다.

"지식인들은 국경 횡단을 찬미할지 모르지만, 현실의 룸펜프롤레타리아트 국경 횡단자들은 국경이 야기하는 두려움 속에서 계속 살아간다"(Friedman 1999: 254)

국경과 경계에 관련된 경험들은 매우 복잡하고 다양해서 단순하게 접근해서는 파악하기 어렵다. 경계가 철저하고 방벽이 높은 곳조차도 양측에 무엇이 존재하는가를 아는 것은 생존에 긴요한 지식(survival knowledge)이다. 이것은 이동성의 정치경제학을 구성한다. 지리적 이동성은 사회적 이동성의 대안적 실마리이다. 국경을 협상함에 있어 혼종적인 두 문화(bicultural)에 대한 지식과 문화적 형상 전환은 생존의 가치를 획득한다. 다양한 환경들을 "통행"하는 것은 생존의 기술이다. 이는 크게 성장 중인 트랜스보더(transborder)의 비공식 부문에 적용된다. 여기서 이주하는 풀뿌리 기업가들은 국경의 이점을 활용한다.

프리드먼의 생각은 이와 다르다. "누군가는 그러한 문화적 트랜스 이주(transmigration)가 누구를 위한 현실인가를 물어볼 수 있다. 포스트-식민적 국경 횡단자들의 작업들에서 그러한 전치를 지속하며 지면으로 구체화하는 이들은 언제나 시인, 예술가, 지식인이다. 그러나 누가 그 시를 읽으며, 또 사회 현실의 더 낮은 층위에서 일어나는 다른 종류의 정체화에는 무엇들이 있는가?"(1997: 97). 〔또 다른 곳에서는 다음과 같이 서술되어 있다. "이 작가는 모든 혼종적 이데올로그들처럼 문학에서 위안을 얻는다"(1999: 247).〕 이는 결코 일상적 경험과 조화를 이루지 못한다. 요컨대 영국 및 독일의 주요 도시들에서 이루어지는 연구는, 혼합된 새로운 생활양식을 펼치는 이들은 분명 하층 계급의 젊은이들이나 2세대 이민자들이라는 사실을 밝혀낸다(Räthzel 1999: 213).[7] 프리드먼 역시 베를린의 터키인들 가운데 이러한 움직임이 있다는 사실을 인지하면서도, "정체화와 세계 정의의 내적 역학들은 일관성을 추구한다"(1999: 248)고 주장함으로써 이러한 발견을 중립화한다. 물론 그렇다. 혼종성은 동질성에 맞서지 일관성에 맞서는 주장은 아니다. 요점은 분명 동질성이 일관성을 위한 필요조건이 아니라는 것이다. 혼종성을 진심으로 받아들일 때 프리드먼은 목표 지점을 이동시킨다. "문화적 요소들의 이러한 결합은 이제 혼종화라고 말할 수 있을 것이다. 하지만 그것에 어떤 과정이 수반되는지는 말해주지 않을 것이다"(1999: 248). 수반된 과정들은 실로 매우 다양할 것이다. 아마도 (월드 뮤직 스탬프의) 혼종성에 대한 정형화 비슷한 무엇이 존재할 것이다.

혼종성에 맞서는 프리드먼의 주장은 일관되지 못하고 모순적이며 가끔은 억지스러운 데가 있기 때문에 더 이상 추적해나갈 필요는 없을 것 같다. 프리드먼은 모든 문화들이 혼종적이라고 주장하는 동시에 경계들은 사라지지 않는다고 말한다. 이 두 진술들만으로는 조리가 맞지 않는다. 그는 혼종성 담론이란 자기 정체화가 아닌 한 진부하다고 주장한다. 그러나 혼종성이 자기 정체화를 구성한다면 일관성의 지배를 받는 것이나 다름없기에 우리는 그에 관련된 과정들을 검토해야만 한다. 그러나 모든 문화들이 계속해서 혼종적이라면, 문제는 혼종성이 아니라 경계들이 된다. 다시 말해 경계들은 어떻게 해서 역사적·사회적으로 그토록 중요하게 되었는가? 경계들이 역사적 흐름과 흥망 속에서 지속적으로 변화하는 동안 경계 페티시즘이—사회과학자들에게조차—존속한 이유는 무엇인가? 실제적인 것은 혼종성이지만 지배적인 것은 경계들이라면, 혼종성은 어떻게 일종의 자기 정체화를 이룰 **수 있는가**? 다시 말해 경계들의 세계에서 어떠한 정치적·문화적 여지 혹은 정당성이 경계 횡단적인 정체성들을 위해 존재하는가?

반혼종성 주장을 어디에 위치시켜야 할까? 어떤 수준에서 이는 약 10년마다 강조점을 달리하며 반복되는 "포스트모더니즘" 비판에 대한 가설이다. 현재 논쟁을 일으키는 강조점은 "마르크스주의 대 문화 연구"로, 이는 분명 커다란 표적을 겨냥한다. 또 다른 수준에서 반혼종성 주장은 다문화주의에 대한 불편함을 반영한다. 이 두 노선들이 만날 때 우리는 편협한 마르크스주의라는 기이한 조합을 얻게 된다. 이러한 관점에서 다문화주의는 계급투쟁을 크게 손상시키는 일시적인 유행일 뿐이다.[8] 그런데 이것이 팅커벨(Tinkerbell)에 관심을 기울이게 한다. 이것은 적극적인 독해 중 하나일 텐데, 동시에 옹색한 캔버스 위에서 펼쳐지는 상징 정치학의 실천이기도 하다. 왜냐하면 학문 세계 내부의 위치 짓기(positioning)와 주로 관련되기 때문이다. 이것은 해당 논의에서 너무나 많은 점들이 간과되는 이유를 설명해줄까? 반혼종성의 반격에서 간과되는 근본 고찰들 중에는 **장기 지속**의 관점에서 본 혼종성의 역사적 깊이가 포함되어 있다. 그런데 여전히 더 중요한 것은 경계와 국경이 삶이나 죽음의 문제가 될 수 있는 상황이다. 이런 경우 혼종성을 수용하지 못하는 것은 생존의 기준과 직결되는 정치적 문제로 이어진다.

혼종성과 **장기 지속**

혼종화는 자연에 널리 퍼져 있다. 꽃, 벌, 다른 곤충들 사이의 이동을 자극하는 것은 식물군의 다양성에 기여한다. 교차-수분이 자연 고유의 특성이라면 혼종성 역시 인간사에서 일반적이다. 상징과 영토에 기반을 둔

수천 년 동안의 공간적 분리와 통치는 우리와 우리의 진화적이고 장기적인 혼합의 역사 속에 존재한다. 혹은 더욱 정확하게 말하자면 그러한 역사에 산재해 있다. 경계들 덕분에 문명화는 번성했고 또한 옥죄이게 되었다. 경계들은 도래하고 사라진다. 또 정립되고 투쟁하다가 물러난다.

오늘날의 많은 논의들은 **장기 지속**보다는 최근 역사를 논의의 출발점으로 삼는다. 프리드먼에 따르면, "현재의 국면에서 문화는 수많은 유형들 혹은 하이브리드들을 생산하면서 경계들 위로 넘쳐흐르고 다른 문화들과 뒤섞이기 시작했다"(1999: 237). 역사적으로 좀더 그럴듯한 관점에 의하면, 문화들은 계속해서 경계들을 범람해왔으며, 경계들은 잠정적이고 논쟁을 불러일으키고 언제나 혼합과 교섭의 바탕에 중첩되어왔다. 척도는 최근의 시기가 아니라(혹은 최근의 시기는 단지 표면적인 관점에서만 기준이 될 수 있을 것이다) 진화적 시간대이다. 동시대의 고유한 특징은 **가속화된 혼합**의 시기라는 것이다. 따라서 혼합이 아니라 혼합의 범위와 속도가 새롭다.

인구 이동, 문화 간 교역, 문화 접촉 및 종족 사이의 결혼은 역사를 통틀어 일반적이다. 때로는 강요된 인구 이동, 디아스포라, 혹은 추방이 일어났다. 때때로 이는 인구 융합을 수반했다. 바빌론에서 알렉산드로스는 휘하 군사 7000명과 페르시아 여성 7000명의 결혼을 강요했다. 가끔은 거대한 공공 작업을 통해 수천 명의 장인들을 재배치했다.

전 식민주의적, 식민주의적, 포스트식민주의적 층위들을 포함하여 우리는 혼종성을 역사적으로 **다층적인** 것으로 사유할 수 있다. 이 개별 층위들은 지배적이었던 경계들의 기능과 다양한 차이의 파토스들처럼 독특한

표 5.3 혼종성의 역사적 층위들

식민지	식민화하는 국가	경계
선사(先史)/전 식민주의적		생태학, 지리학, 문화적 차이(언어, 종교)
식민주의적, 의존적	제국주의적, 식민 모국	'빅토리아시대'의 위계들(생산양식들, 인종)
포스트식민주의적	포스트제국주의적	개발의 위계들(국민총생산 등의 지표들)

혼종성의 집합들을 동반한다.(식민화하는 국가들에게 이러한 층위들은 전 식민주의적, 제국주의적, 그리고 포스트제국주의적 시기들을 의미한다. 이에 대한 요약은 표 5.3을 참조하라.)

그러나 우리는 선사(先史)를 혼합의 초기 단계로 추가해야 한다. 우리에게 공통된 아프리카에 기원을 둔 진화적 배경은 인류가 혼종적 종(種)이라는 사실을 확인시켜준다.[9] 세계의 다양한 지역들에서 이후 종(種)이 "밀집"했는데 이는 대륙과 대륙 사이 혹은 대륙을 가로지르는 대규모 접촉과 인구 이동을 차단하지 못했다(Gamble 1993). 이러한 혼합의 유산은 고고학자들이—구석기와 신석기 시대에 널리 퍼지고 훨씬 이후에 형성된 경계들과는 일치하지 않는—"문화들"을 밝혀냄으로써 확증된다. 광활한 공간에 걸쳐 빠르게 확산되는—목농주의, 농업, 승마, 등자(鐙子), 전차, 안장, 활과 화살, 청동과 철 등의—기술은 초기의 원거리 소통에 대해 더 많은 것들을 말해준다(McNeill 1982). 세계 인구의 절반이 단 하나의 공통된 뿌리, 곧 인도유럽어족에서 기원한 언어들을 사용한다(Mallory 1991). 또 다른 지표는 세계 종교들의 확산이다. 질병의 확산은 상호 접촉의 에피소드를 보여주는 또 다른 표식이다(McNeill 1977). 기술, 언어, 종교뿐 아니라, 미술사에서 검토된 상징들의 이동 또한 교차 문화적 소통을 보여주는 또 하나의 지표이다(이에 대한 뛰어난 자료는 Wittkower 1989 참조). 인류학자들은 관습 및 식료품의 이동을 연구해왔다. 바꾸어 말하면, 인간적 근거들은 대단히 구조적으로, 또 철저히 혼합되어 있으며 이와 반대될 수는 없다. 혼합은 종의 진화에 내재해 있다. 역사는 콜라주이다(표 5.3 참조).

문화 간 원거리 교역, 정복 및 제국의 역사적인 사건들과, 트랜스아틀랜틱(trans-Atlantic: 대서양 횡단) 노예무역과 삼각무역(삼국 간의 무역 형태. 삼각무역이란 일반적으로 세 나라나 지역 사이에 이루어지는 무역을 일컫지만, 특수하게는 노예무역을 말한다—옮긴이) 같은 구체적인 사건들은 진화적 시간을 버텨낸 혼합의 깊은 지층들 위에 겹쳐져 있다. 이러한 수준들 안에서, 그것들을 가로지르면서, 우리는 더욱 많은 혼종성의 유형들을 발견할 수 있다. 우리가 정치경제학적 접근을 취할 때 다음과 같은 역사적 혼종성의 일반적인 유형들을 확인하게 된다.

- **생산양식을 가로지르는 혼종성.** 이는 혼합된 사회적 구성들을 낳는다. 사회적 구성들 안에서, 또한 그것들을 가로지르면서 사냥/수집과 경작 혹은 목농주의, 농업과 산업, 수공업과 산업의 결합을 수반한다. 반봉건주의, 봉건적 자본주의는 또 다른 예시들이다. 생산양식들의 접합에 관한 논의가 보여주듯이(Foster-Carter 1978) 생산양식들은 단순히 서로 뒤이은 것이 아니라 공존했다.
- **산업화 이전과 이후의 혼종성.** 농업 혁명은 첫 번째로 나타난 주요한 역사적 단

절이었다. 산업화는 두 번째 단절이었으며 전 지구적 개발 격차를 촉발했다. 1800년을 화석연료(증기기관) 사용의 시발점으로 삼는다.

- **혼종적인 조절 양식들.** 사회 시장, 포디즘, 시장사회주의 및 제3의 길은 혼합된 조절 형식들의 예시들이다.[10]

혼종적 민족들뿐 아니라 아프리카의 수단 벨트(Sudanic belt)처럼 지리적·문화적 영역들에 걸쳐 있는 **혼종적 지역들**이 있다. 동남아시아는 인도차이나와 말레이의 특징들을 결합한다. 말레이 세계, 인도차이나, 중앙아시아와 남아시아, 중동, 북아프리카, 발칸 반도의 사회들은 고대의 뒤범벅 문화들에 해당한다. 윌리스가 지적하듯, "크레올들과 함께 하는 사회들(societies with creoles)과 크레올 사회들(creole societies)"(2001b: 175)이 있다. 교역과 왕래의 교차로에 있거나, 문명 지대들에 걸쳐 있는 모든 접촉 문화들은 **혼종적 사회들**에 포함된다. 카리브해, 태평양, 인도양의 섬 문화들은 크레올 언어들을 발전시킨 접촉 문화들이다. 멕시코에서 브라질에 이르는 중앙아메리카와 라틴아메리카 국가들은 자신들을 메스티소로 규정한다. **혼종적 도시들**은 주로 문명의 교차로, 항구, 교역의 주요 간선들에 위치해 있고 현저한 이주 인구를 포함한다. 이스탄불, 베네치아, 톨레도는 고전적인 예시들이며 바그다드와 카이로, 라호르와 델리, 콜카타와 뭄바이, 홍콩, 몸바사 섬과 마르세유, 뉴올리언스와 샌프란시스코 또한 그러하다.[11]

우리는 혼종적 사회들 가운데서도 멕시코와 잔지바르같이 전통적인 자기 정의가 혼종적인 사회들과, 관습적인 자기 이해가 단일문화적인 사회들, 나아가 다원적인 다문화적 정체성이 근래의 추이(a recent transition)인 사회들을 구분할 수 있다. 포르투갈과 에스파냐는 혼합 문화들에 해당하지만 민족 정체성은 국토수복운동에 빚지고 있다. 그리스는 비잔티움제국과 오스만제국의 일부로서 토속 문화를 형성했지만, 민족 정체성은 동양에 등을 돌려버렸다. 영국에서 영국 혹은 브리턴 정체성들(English and Britain identities)은 단일문화적("리틀 잉글랜드")이고 다원적인 정체성들을 표상한다. 이는 영국적 정체성들이 켈트, 앵글, 색슨, 데인, 로마, 노르만 종족들을 포함하여 계속해서 다종족적 혼합으로 존재한다는 사실을 무시한다(MacDougall 1982). 모든 민족들은 이러한 종류의 다원적 유산을 공유한다. 흔히 말하듯이, 프랑스인들을 탄생시킨 데에는 200년이 걸렸다. 민족 정체성은 구체적인 역사적 기획이었으며 다시금 재정의되고 있다.

혼종성이 민족 정체성의 구성요소가 아닌 나라들에서도 혼종성은 배경에서 드러난다. 노르웨이 박물관의 표제는 특정한 보석 유형이 "더블린에서 볼가 강에 이르기까지" 발견된다는 사실을 가리키고 있다. 지역과 민속 박물관들은 대개 국립 박물관들이 아예 묵살하는 트랜스보더의 문화적 연속성들을 드러내 보인다. 그것들은 더욱 심원한 문화적 지층들과 서로 다른 역사 인식과 연관돼 있다.

다음으로 사회들 내부에 있는 **혼종적 공동체들을** 다루겠다. (네팔 아버지와 티베트 어머니 사이에서 태어난) 네팔의 카차라스(Khacharas), 스리랑카의 버거(Burghers), 케이프타운의 컬러드(Coloreds)(Februari 1981) 및 전 세계에 산재한 각기 다른 공동체들이 이에 해당한다. 예를 들어 일본에서는 "초국가적 환태평양 집산지의 성장과 확장에 따라 고베 크레올들, 샌프란시스코 크레올들, 요코하마 크레올들 등 태평양 크레올 공동체들이 등장하고 번성했다"(Willis 2001b: 175). 혼종화의 최근 현장에서는 국제 교육이 이루어지고 있다〔윌리스는 '에듀스케이프'(eduscapes: 교육의 초국가적 이동—옮긴이)라는 용어를 만들어낸다〕. 초국가주의가 번성하면서 "제3문화의 아이들" 세대가 도래한다.

심원한 역사적 배경에 비추어볼 때 최근의 혼종성 논의는 피상적으로 느껴진다. 전적으로 지난 200년 동안의 식민주의와 민족주의에 얽힌 사건들에 지배되기 때문이다. 이러한 사건들이 거는 마법과 이것이 수반하는 경계들에 몰두하는 현상은 놀랍다(Nederveen Pieterse 2002a 참조).

경계 페티시즘, 삶, 죽음

미국에서 인구통계학자들은 혼혈인들의 수가 소리 없이 급증한다고 말한다. 1960년과 1990년 사이 다른 인종과 결혼한 커플은 15만 명에서 110만 명 이상으로 증가했다. 다른 인종 간에 태어난 아이들의 숫자 역시 껑충 뛰었다. "1970년 이후 미국에서 혼혈인 자녀 수는 4배로 늘었다. 오늘날 다른 종족과 결혼하는 건수는 1960년보다 6배나 많다"(Etzioni 1997). 한 해설자가 이런 현상에 주목한다고 해서 놀랄 이유는 없다. "타이거 우즈의 얼굴에서 미국의 미래를 보라. ……미국인들이 멈출 수 없는 민족의 여정, 즉 인종적 투명성이라는 오랜 신화에서 모든 것이 혼합된 다인종주의(multiracialism)에 이르는 여정을 얼마나 멀리까지 떠나왔는가를 보여주는 진정한 기준은 바로 타이거 우즈의 **얼굴**이 제공했다"(Overholser 2000).

'인구조사국'은 미국인들에게 16개 인종 범주를 제시했는데 에치오니와 같은 이들은 새로운 "다종족적(multiethnic)" 범주를 제안했다. 그러자 흑인의 유대를 약화시킨다고 보는 몇몇 아프리카계-미국인(African-American) 지도자들은 격노했다. "아프리카계-미국 지도자들 또한 인종 정보가 고용, 투표권, 주택 및 담보 대출, 의료 서비스 및 교육 기회들에서 시민권 규정을 강화하는 데 사용된다는 이유로 다인종적 범주를 반대한다"(Etzioni 1997). 옹호자들은 이러한 범주 및 대부분의 미국인들이 선택하고 싶어 할 "'다종족적' 혈통이라는 범주"가 오늘날 미국 사회를 관통하고 있는 인종적·종족적 구분을 완화시키는 데 도움이 될 거라 주장한다. 이는 집단적인 권리 할당에 기반을 둔 인식의 정치학과 유동적인 집단 경계라는 관념 사이의 충돌을 보여주는 한 가지 사례일 뿐이다.

몇 백 명의 부호들이 세계 인구 절반의 부를 소유한 반면 대부분의 세계 주민은 오늘날 하루 2달러도 안 되는 돈으로 살아간다. 전 지구적 개발 격차에 대한 기술적 설명은 넘쳐나지만 충분하지는 못하다. 표면적으로는 순환이나 흐름이 결여된 듯하다. 전체적으로 볼 때, 인류의 능력은 대등하게 퍼져 있으며 스스로 무언가를 이루거나 권한을 넘겨받을 수도 있다. 따라서 장애물은 다양한 종류의 경계들, 장벽들, 혹은 국경들일 것이다. 생태학과 지리학은 생태 지역과 기후 지대의 지도를 그린다. 경계들은 사회과학에서 핵심 주제이다. 경제학은 국민총생산(GNP)과 수입 같은 경계들을 측정한다. 미시경제학은 투자와 현지화 전략을 검토한다. 정치학은 한정된 경계들 내부의 조직 및 표상 체계를 연구한다. 사회학은 민족, 계급, 카스트, 지역과 같은 경계들이 어떻게 사회적 관습을 형성하는가를 검토한다(Moore and Buchanan 2003). 그러나 경계들은 항상 문화적 코드들을 통해 경험되고 체험되고 유지된다.

우리는 (씨족, 부족, 언어, 지역, 문화, 문명, 제국, 종교, 국가, 민족, 인종, 종족성의 경계들과 같은) 경계들의 역사 및 (사회적 경관이 관찰되고 배치되고 정의되는 헤게모니를 행사하는 권력의 위치 및 관점에 해당하는) **중심주의들**의 역사와 더불어 이러한 논의를 계속해 나갈 수 있다. 통제하려는 시도들이 있었지만 이러한 경계들은 국경 횡단적인 접촉을 결코 차단하지 않았다. 그렇다면 우리는 경계와 경계 횡단, 밀수, 침해, 문화 간 교역, 이주, 이동, 디아스포라, 순례, 교역의 역사를 이어갈 수 있을 것이다. 역사에 대한 혼종성의 관점은 경계들을 떠받치고 있는 코드들뿐 아니라 경계들을 해체한다.

즈비그뉴 브레진스키(Zbigniew Brzezinski)에 따르면, 20세기에 1억 6700만 명에서 1억 7500만 명에 이르는 이들이 정치적으로 유발된 대량 학살 사태로 목숨을 잃었다(Hirsch 1995: xii에서 재인용). 이러한 사망자 수를 감안한다면, 주요한, 아마도 종족에 기반을 둔 대다수 살해 행위가 자신들 진영 내부의 경쟁자들을 제거하려는 살인적인 투쟁과 연관이 있을 것이다. 행위의 목표는 전투적 노선을 흐리려 드는 횡단(crossover)의 정당들, 리더십을 위협하는 경쟁자들, 유력 파벌의 정치적·군사적 헤게모니에 도전하는 세력들, 전쟁보다는 평화를 유지하려는 모든 이들을 포함한다. "인종 청소", 대량 학살, 공동체 사이의 분쟁, 내전으로 인한 사건들은 사이-안에 대한 군사적 억압과 더불어 혼종성의 제거를 수반한다.

보스니아에서는 인구의 3분의 1 정도가 종족 간 결혼이나 혼혈 가문에 의한 혼종적 혈통이었지만, 보스니아계 이슬람교도들, 보스니아계 크로아티아인들, 보스니아계 세르비아인들에 대한 전시(war-time) 집계에서는 이를 전혀 인정하지 않았다. "종족 간 결혼 인구의 26퍼센트에 해당하는 이들에 대해, 최종 인구조사에서 그들 자신을 세르비아인, 이슬람교도, 혹은 크로아티아인으로도 규정하기를 거절했던 상당수의 도시민들에 대해, 혹은 보스니아를 파괴하려 하는 동족들에 맞서 보스니아 정부를 지지하고 싸워온 세르비아인들과 크로아티아인들에 대해 어떤 법조항도 만들어지지 않았다. 이 모든 것은 보스니아에 남아 있는 시민적 연계들**만**이 종족 공동체의 연계들에 해당한다는 가정 아래 묻혀버렸다"(Denitch 1994: 7, Nederveen Pieterse 1998b).

'종족성(ethnicity)'의 표식들에 깃든 기회주의적이고 정치적인 특성은 보스니아에서도 분명하게 드러난다. "각 진영은 실제 목적에 부합하는 바에 따라 자신들의 공통 기원을 번갈아가며 강조할 것이다. 예를 들어 전쟁 이전 세르비아인들이 여전히 보스니아가 유고슬라비아에 남기를 희망했을 때 미디어는 종종 무슬림들과의 유사성을 강조했다. 반면, 크로아티아인들은 보스니아가 역사적으로 크로아티아의 일부였으며 대부분의 보스니아계 무슬림들은 원래 크로아티아 혈통이었음을 자주 강조했다"(Bell-Fialkoff 1993: 121). (종족 간 결혼 비율로 따졌을 때) 문화적 혼합이 가장 극심했던 옛 유고슬라비아 지역 보이보디나(Vojvodina) 지역에서는 분쟁이 없었다(Botev 1994). 분쟁은 종족 간 결혼 비율이 0.2퍼센트로 가장 적었던 코소보 지역에서 일어났다.

혼종성에 대한 다양한 문화적 입장들

혼종성은 시간뿐 아니라 문화적 맥락들을 가로지르는 다양한 의미들을 포함한다. "고급스럽고" 고전적인 문화적 배경에서 "기준"을 수호하는 문지기들은 혼종성이 정전을 침해하는 것이라고 주장한다. 여기에는 정전 자체의 혼성적 성격에 대한 인정이나 인식이 물론 빠져 있다. 대중문화에서 요소들과 스타일들의 혼합은 간과되거나 당연시되며 혹은 환영받을 수도 있다(Frow 1992). 창조성과 혁신은 종종 가망성 없어 보이는 결합들에 의존한다. 이처럼 예술과 과학에서 혼종성은 널리 퍼져 있으며 때때로 다른 영역들에서보다 훨씬 수월하게 받아들여진다.

문화가 다르고 문화 내 집단들이 다르며 또한 시대가 다르기 때문에 혼종성은 다양한 의미를 갖는다. 라다크리쉬난(Radhakrishnan 1996)은 대도시 혼종성과 주변적 혼종성을 구분한다. 그렇다고 혼종성의 의미가 모든 중심 도시들이나 주변들에서 동일하다는 것은 아니다. 이는 발생하는 방식에 따라 상이하다. 인종을 최우선으로 하는 미국에서 혼종성 담론은 인종을 중심에 둔다(Chideya 1999). 반면 "혼혈"은 오직 "인종"을 중요시하는 곳에서만 의미가 있다. '혼혈'은 인종 분리의 역사를 공유하지 않는 곳, 예컨대 종교적 혹은 이데올로기적 경계들이 중요시되는 곳에서는 의미가 없다. 혼종성은 전적으로 맥락과 관계에 따른 개념이다. 하나의 환경에서 매우 혼종적인 것이 다른 데서는 심지어 눈에 띄지 않을 수도 있다. 혼종성의 의미는 오직 그것이 위반하는 경계 범위까지만 확장된다. 혼종성이 지방주의(provincialism)를 전복할 경우, 해당 지방 바깥에서 혼종성은 아무런 의미도 없다.

아시아에서 혼종성은 대체로 라틴아메리카와 사뭇 다른 분위기를 풍긴다. 아시아의 전반적인 분위기는 동서 간의 융합(fusion) 문화처럼 낙관적이다. 무수히 많은 장소에서 갈등이 일어나지만 혼종성은 선택적이고 자발적인 것으로 경험되곤 한다. 라틴아메리카에서는 오랫동안 일종의 분열, 파편화, **혼합 시대 같은** 느낌을 주었다. 혼종성은 자발적이기보다는 상처 입은 숙명의 조건으로 경험되곤 했다. 옥타비오 파스(Octavio Paz 1967)가 논의한 멕시코 "말린체(Malinche: 에스파냐 정복자의 앞잡이 노릇을 한 여자—옮긴이) 콤플렉스"가 하나의 예가 될 수 있다. 이는 라틴아메리카 경험의 기반에 있는 이중성으로 거슬러 올라간다. 즉 정복의 경험 및 **크리오요**와 **원주민** 간의 분리는 라틴아메리카 사회를 (아프리카 노예, 아시아 이주민, 사이-안적 존재들인 라디노들의 후예들 같은 상이한 정체성들을 무시하는 진단과 다름없는) "이중 사회"로 이끌었다. 역경으로서의 혼종성 개념은 최근 라틴아메리카 논의들에서 점점 더 민중적 창조성을 인정하는 쪽으로 전환되었다(Canclini 1995, 2000, Ortiz 2000). 오늘날엔 일반적으로 브리콜라주로서의 "라틴성(Latinity)"을 인식하게 되었다.

일본의 경우 말린체에 상응하는 것은 오키치(お吉)이다. "초대 미-일 외교 특사의 첩이 된 오키치 이야기는 훼손된 순수성과 (남성적 국가로 이해되는) 국가의 종말에 대한 비극적 메타포로 간주된다"(Willis 2001a: 32). 여기서 트라우마는 일본-미국적 혹은 "자메리칸(JAmerican)" 문화를 탐구할 여지를 마련했다(같은 책). 아시아의 모든 일상적 담화에서 우리는 종종 (예를 들면 인도네시아에서의) 급속한 근대화로 인한 부정적 결과들에 관한 이야기를 듣는다. "정부는 급속한 근대화의 부정적 영향들에 맞서는 정신적·문화적 부문들을 얼마나 성공적으로 발달시켰나"[〈자카르타 포스트(Jakarta Post)〉, 1995년 3월 9일자]. 근대화는 결코 보편적으로 받아들여진 적이 없으며 폭넓은 이해관계 및 입장들이 존재해왔지만 이러한 것들은 ["전통주의자들"에서 "근대화하는 자들(modernizers)"에 이르기까지 근대화에 반대하든 옹호하든, 보수적 근대화든 방어적 근대화든 간에 근대성을 척도로 하여] 주로 근대성의 렌즈를 통해 해석되어왔다.

사하라 사막 이남의 아프리카에서 근대성과 관련된 주요 주제들은, 네그리튀드, 아프리카 사회주의, 우자마(ujama)의 경우에서 보듯, 전통적인 사회제도들과 가치들이었다. 노예제도, 총-노예 사이클(gun-slave cycle), 유럽 식민주의는 아프리카 사회들의 개발을 도외시해왔다. 여기서 식민주의는 어느 곳보다 새롭고 파괴적이었으며 탈식민화 역시 최근에야 이루어졌다. 수정주의적 역사는 이집트 문명에 대한 아프리카 중심의 독해에 영감을 주고 있으며, 토착화(현지화, indigenization)는 언어정치학과 아프리카 중심적 종족사회학(ethnosociology)의 도래를 알린다. 이와 동시에, "근대성의 재정비(reworking)"는 아프리카 사회에서 두드러지는 요소이다 (Pred and Watts 1992, Appiah 1992).

전 지구적 남반구에서 일어난 근대화와 개발을 혼종화 과정들의 일반적인 사례로 만드는 일은 어렵지 않을 것이다. 인류학에서 이러한 용어는 널리 사용되고 있다.[12] 인류학자 바야르(Bayart 1992)는 아프리카 근대성들을 특징짓기 위해 사회적·정치적 "혼종화"를 참조한다. 혼종성은 라틴아메리카에서 일반적인 용어이며 융합(fusion) 같은 용어들은 아시아에서 흔히 쓰인다. 신전통주의는 널리 퍼져 있으며 또 다른 예로는 아랍 세계의 신가부장제가 있다(Sharabi 1988). 모든 곳에서 결합과 접합과 즉흥 작업의 언어가 반식민주의, 탈식민화, 개발에 따른 다양한 변화들을 묘사한다.

서구에서 혼종성 사유가 유행(à la mode)하고 있지만 국경들은 지속적으로 유지된다. 이주, 인종주의와 불법 이주자, 게토의 계급 분화, 변화무쌍한 국제 개발 담론 같은 주제들을 보라. 다문화주의가 과한가, 아니면 충분치 않은가를 두고 논쟁이 일어나는데, 양측의 입장은 크게 다르다. 이것은 반혼종성 논란에서 명확히 밝혀지지 않은 상태이다.

혼종성의 패턴들

문화 연구, 문학 연구, 포스트식민 연구에서 혼종성, 혼합주의, 크레올화, 메티사지는 공통된 비유들이 되었다. 보통 참조하는 것은 제도적이거나 구조적인 혼종성보다 문화적인 혼종성이다. 혼종성은 "잡종 세계"와 "혼종성의 요인"에 대해 말하는 글로벌 문화에 관한 성찰들에서 상투적이고 거의 흔해빠진 참조점으로 급속히 변해가고 있다(Zachary 2000, Iyer 2000). 하지만, 혼종성이 편재하는 속성이나 자질이 되어감에 따라 점차 의미 없는 만인의 출발점이 되어가고 있다. 만약 모든 것이 혼종적이라면 혼종성은 무엇을 의미하는가? 이제 어떤 종류의 혼종성인가를 묻게 된다. 라다크리쉬난(1996)은 대도시(유희적) 혼종성과 포스트식민(비판적) 혼종성을 구분한다. 베르브너(Werbner 1997)는 유기적(organic) 혼종성과 의도적(intentional) 혼종성을 구분한다. 바브나니(Bhavnani 1999)는 상황적(situational) 혼종성과 유기적 혼종성을 구분한다. 생산양식과 규제에 관련된 혼종성의 패턴들은 앞서 설명했다. 혼종성에 반대하는 이들은 주로 권력의 차이들을 회피한다는 점을 지적한다. "혼종성은 동등성이 아니다."[13] 따라서 핵심 변수는 권력이다.

그리하여 다문화주의의 다양성을 평가할 때 적절한 기준들은 권력과 평등, 대칭의 정도, 그리고 문화가 표준이나 정전에 얼마나 중심을 두고 있느냐 같은 것들이다. 라틴아메리카의 **메스티사헤**는 문화적 중심(重心)이며 근대화와 나란히 존재하는 백색화 내지 유럽화 이데올로기이다. 이

표 5.4 혼종성의 패턴들

축	함의
비대칭적/대칭적	혼합에 있는 요소들의 상대적 권력과 지위. 예를 들면, 식민 사회는 비대칭적이다. 연속체의 완벽하게 대칭적인 극단을 예시하기는 어렵다.
중심의 유/무	중심을 갖거나 갖지 않는 혼종성들은 연속체의 양극성들이다. 역시 전적으로 자유롭게 움직이는 혼합의 예를 생각하기는 어렵다. 카니발에서조차 그 (구성)요소들은 다양한 가치들로, 양극성들로 가득 차 있기 때문이다.

는 여전히 "갈색화(browning)"와 "쉐디즘(shadism)"이라는 피부색의 위계에 중심을 두고 있지만 카리브해의 크레올화는 훨씬 유동적이다. "당신이 흑인이라면, 돌아서라. 황인종이라면 기다려라, 백인이라면 문제없다"(Thompson 1999). 혼종성의 패턴들은 표 5.4에 요약되어 있다.

그래서 어찌할 것인가

"혼종성"이라는 용어가 이러한 현상들에 대한 일반 표제로서 주의를 끌게 된 이유는 분명하지 않다. 하나의 단어로서 혼종성은 19세기에 성장했다(Young 1995: 6). 불어인 **브리콜라주**는 오랫동안 일반적으로 사용된 용어였다. 혼합, 뒤섞기, 융합, 합병은 유사 과학적 용어인 혼종성보다 오랜 계보학을 자랑하는 또 다른 용어들이자 뉘앙스들이다. 혼합은 농업(농작물의 혼합), 요리(재료), 직조(조직, 모티프), 치료(약초, 방법), 예술(장르, 재료), 패션(스타일) 등과 관련된다. 변질이나 부식을 빚어내는 다양한 물질들의 아말

감화와 융합은 연금술의 주요 과정들이다. 이는 화학, 야금학(합금), 제약 산업에서 반복된다. 삼투는 세포생물학과 화학에서 작용한다. 이런 것들 중에서 혼종성이라는 용어가 두드러지게 된 이유는 아마도-본질적으로 18~19세기의 문제틀이었던 생물학적 "인종적" 차이들에 몰두했거나 유전학이 남긴 지적 자극 때문일 것이다.[14]

이제 원래의 질문으로 돌아가보자. 혼종성, 그래서 어찌할 것인가? 4장에서 필자는 "우리는 무에타이를 하는 암스테르담의 모로코 소녀들, 런던의 아시아 랩, 아일랜드 식 베이글 빵, 중국식 타코 요리와 같은 현상을 어떻게 받아들이는가?"라고 물었고, 프리드먼은 이를 인용하면서 "여기서 우리는 무엇을 받아들여야 한다는 것인가?"라고 물었다(1999: 236). 우리가 받아들여야 하는 것은 오늘날 우리 **모두가** "무에타이를 하는 암스테르담의 모로코 소녀들"로 존재하는 상황이다. 다시 말해 우리는 모두 장소와 정체성들을 **가로지르는** 혼합 문화의 요소들이자 흔적들이다.[15] 이는 단지 계급화나 공상적인 코스모폴리턴 경험의 문제는 아니다. 차라리 요지는 이것이 **일상적인** 경험이 되었다는 것이다. 브라이턴(Brighton)에서 이탈리아 음식을 파는 "이파네마(Ipanema)"라고 불리는 그리스 식당에서 보듯, 이러한 횡단들은 이제 모든 삶의 영역에서 흔해졌다.

이것은 빙산의 일각일 뿐이다. 경계들 자체는 교묘하다. 요컨대, 경계들의 **의미들**은 결코 일정하지 않다. 예를 들어, 인류학자 피오나 윌슨(Fiona Wilson 2000)은 안데스 페루에서 시간의 흐름 및 계층적 분류에 따라 의미를 근본적으로 바꾸어가는 인디언과 메스티소의 범주를 논의한다.

여전히 더 흥미로운 것은 경계들 자체가 자주 브리콜라주의 즉흥 작업들의 소산이라는 점이다. 이에 따라 인종적, 종족적, 종교적 "근본주의들"의 주장들은 종종 다양하고도 혼종적인 근원들로부터 꿰맞춰진다. 예컨대 스티븐 하우(Stephen Howe 1998)는 아프리카주의의 주장과 방법 일부가 어떻게 유럽적 근원들에 기원을 두고 있는지를 보여준다. 이 모든 것은 경계들이 희미해지거나 사라진다는 것을 의미하지 않는다. 경계들은 결코 그렇게 되지 않을 것이다. 경계들이 권력 및 사회적 삶의 기능이기 때문이다. 경계들의 쇠퇴는 경계들과 관련된 감정들의 쇠퇴를 의미하지도, (인종주의적 살인과 같은) 이로 인한 결과들의 쇠퇴를 의미하지도 않는다. 그렇다면, 많은 이들이 주장하듯 "혼종성"은 단지 부르주아나 보헤미안 엘리트들의 노리개라는 뜻인가? 오히려 요지는, 오늘날 우리 시대의 흐름에서는 계급들을 가로지르는 경계들의 **우연성**이 어느 때보다도 일반적인 경험이 되었다는 데 있다.

경계 및 국경 횡단이 오늘날의 성격을 특징짓는다는 점에서 혼종성은 우리 시대의 용어이자 감성이다. 국경들(national borders)에 관한 한, 이는 포스트내셔널리즘(postnationalism) 시대임을 뜻한다. 주권은 의미가 바뀌어 이제 점차 지역적이고 국제적인 배치 및 서약들에서 공동 관리되고 있는 중이다. 신중세주의(neomedievalism)는 현재의 정치적 조건들에 대한 설명들 중 하나에 해당한다(Kobrin 1998). 계급과 젠더 경계들은 이전보다 덜 엄격하다. 고급/저급 문화들이 뒤섞임에 따라 미학적 경계들은 점차 상호 침투할 수 있게 된다. 과학에서 분과의 경계는 더욱더 낡은 것이 되어간다. 이러한 예들은 아주 많다.

하나의 관점으로서 혼종성은 경험적이고(혼종화의 발생), 이론적이며(혼종성을 하나의 분석적 도구로 인식), 규범적인(특정한 맥락 및 권력 관계에서 경계를 비판하고 혼합의 가치를 인정) 것이라는 세 가지 상이한 주장들을 수반한다. 혼종성과 문화의 관계는 해체가 담론과 맺는 관계와 같다. 이원적 범주들을 초월하는 관계이다. 혼종성에 대한 또 다른 설명은 "사이-안에 있음(in-betweenness)"이다. **사이-안 공간**과 **틈새**에 대한 인정은 이원론, 이원적 사유, 아리스토텔레스적 논리를 넘어서는 것을 의미한다. 방법론적으로 이는 포스트구조주의와 해체의 특질인데, 데카르트적 인식론의 구조를 넘어서는 인식론적 전환을 나타낸다. 포스트모더니즘은 이러한 견해 변화에 대한 일반적인 표제가 되었다. 긍정적 의미로 볼 때 그것은 집단적 성찰의 심오한 계기를 수반한다. 이러한 계기는 역사적·사회적 구성물이자 인지적 장벽들이라는 경계에 대한 인식을 포함하며, 이 인식적 정당성은 궁극적으로 임의적이거나 적어도 우연한 성격의 인식론적 질서에 의존한다. 이러한 인식 자체는 새롭지 않다. 새로운 것은 더욱 폭넓은 민중 계층들 사이에서 이러한 인식이 확장되고 있으며 현상들과 관련하여 그 범위가 확장되고 있다는 것이다. 과학에서 토머스 쿤의 패러다임 전환, 뉴턴 과학을 넘어서는 "신과학"의 출현, 푸코의 인식론적 질서, 데리다의 해체, 들뢰즈와 가타리의 탈영토화, 페미니스트적 경계 횡단, 리오타르와 언어게임들의 사이 공간, 바바와 "제3의 공간" 등은 지식과 질서에 대한 데카르트적 구조에서 벗어나는 서로 다른 계기들이자 방식들이다.

이러한 전면적인 움직임은 너무나 많은 파생 효과들이 있기 때문에 의미를 지도화하기가 어렵다. 이로써 모든 지도화의 실천적 과정을 통해 지도들은 유효성을 획득하지만 결국 모든 종류의 지도는 제한적이고 우연한 지위들에 불과함을 인식하게 한다. 일설에 의하면, 경계들 간 혹은 사이 공간은 임계적 공간으로서, 현재의 변화들은 일종의 집단 인식으로 나아가는 임계성을 수반한다.[16] 이러한 인식은 일종의 트릭스터(Trickster) 지식으로 묘사할 수 있을 것이다. 여기서 트릭스터는 우리 주변의 모든 사회들이 신성한 규칙으로 간주하는 것을 심각하게 여기지 않는 예측 불허의 존재, 광대, 바보처럼 멋대로 자기 모습을 바꾸는 존재이다. 멕시코-미국 경계를 따라, 전문 범죄자들(people smugglers)은 "코요테(악당)"라는 별명으로 불린다. 거미 아난시(Anansi the spider)와 브레르 토끼(Brer Rabbit)처럼 토착 미국인들 사이에서 코요테는 트릭스터이다. 이러한 의미에서 혼종성 의식은 오늘날 집단적 규모로 귀환하는 트릭스터를 재현한다.

그렇다고 경계 횡단이 무한 경쟁에 불과하다는 뜻은 아니다. 오직 쥐덫 안에서만 마음껏 먹을 수 있는 치즈가 있다. 어떤 경계들이 쇠퇴할 때 다른 경계들은 남아 있거나 개입한다. 따라서 국경과 정부 권위가 침식함에 따라 종족적이거나 종교적인 경계들, 혹은 소비 패턴과 상표명의 경계들이 나름의 방식들로 출현한다. 비정부기구들은 새로운 권력 공간들을 주조한다. 혹은 어떤 경계들이 희미해질 때 국경 횡단 및 이동성에 대한 사람들의 능력 차이가 전면에 부각된다. 가상공간에서는 인식 경계와 사이버 전쟁이 등장한다. 또 다른 복잡한 문제는 문화적 다양성과 생물학적 다양성의 관계성이다. 경계들의 우연성과 더불어 혼종성의 중요성 및 한계점들을 하나의 주제와 접근방식으로 받아들이는 것은, 혼종성의 정치에 참여함을 의미한다. 바로 여기에 비판적 혼종성이 개입하는데 이는 집단 형성 및 사회적 불평등의 역학에 대한 새로운 인식과 입장을 수반한다. 이러한 비판적 인식은 혼종성을 억압하기보다 받아들임으로써 촉진된다.

6

세계적 뒤범벅

지구화와 문화는 순수한 주제가 아니며, 대부분의 견해에서 매개 변수는 모더니티이다. 지구화, 모더니티, 문화라는 세 가지 벡터(vectors)가 근대화와 함께 하나의 묶음이 되어 결정 변수가 된다. 버나드 루이스(Bernard Lewis)의 《중동에서 이슬람과 모더니티의 충돌(The Clash between Islam and Modernity in the Middle East)》(2002)이라는 책의 부제를 생각해보자. 여기에는 알려진 문명의 충돌 이외의 다른 의미가 숨겨져 있다. 모더니티는 자본주의를 말하는 예의바른 사회학적인 방식이다. 다른 사람들과 마찬가지로 사회학자인 액스퍼드(Axford 1995)와 톰린슨(Tomlinson 1999) 등은 이 문제를 치열하게 고민했는데, 결국에는 문화적 역동성을 형성하는 모더니티로 조심스럽게 다가갔다(이에 대해서는 서구 근대화의 논리를 읽으라). 테크놀로지와 경제학을 한편에 두고 모더니티와 자본주의가 결합된 힘을 내세우기는 매우 힘들기 때문에 글로벌(서구 문화라고 읽는)이 지역 문화로부터 힘을 얻는다. 하지만 아직도 사람들은 이런 견해가 실제로 문화에 관한 것인지 아니면 권력에 관한 것인지를 두고 의아해한다.

과거와 현재의 동향을 읽는 나의 방식은 상당히 다르다. 첫째, 기존의 생각은 "서양의 발흥" 덕분에 세계경제, 모더니티 그리고 자본주의의 통합이 이루어졌다고 주장하는데 이는 완전히 다른 견해들에 의해 반박되었다. 통합된 세계경제는 아프리카-유라시안 경제라고도 명명될 수 있는데, 서구 부흥보다 몇 세기 앞서 존재했다(Abu-Lughod 1989, Frank 1998). 이런 세계경제의 중심에는 중국과 인도가 있었고, 유럽은 바깥 테두리에 있었다. 중심 지역으로부터 서아시아, 오스만제국 그리고 페르시아로 확산되었고, 중심 지역의 인구성장률, 도시화, 산업과 농업생산성, 사회기반시설, 그리고 상업 제도들 모두 당시 유럽에 존재했던 것들을 능가했으며, 이는 19세기 초기까지 이어졌다. 따라서 모더니티와 자본주의를 위한 토대는 유럽이 아니라 이런 지역에 있었다. 킹(Anthony King, 1995)은 식민도시에서의 포스트모던 정체성이 유럽에서의 모더니티 발전보다 **앞섰다는** 사실이 매우 역설적이라고 이야기했다. 우리는 여기에 근대적 조건들이 유럽에 출현하기 이전에 인도와 중국의 중심 도시들에서 만개했다는 사실을 덧붙일 수 있다. 이것은 마르크스의 아시아적 생산 방식, 베버의 기독교 윤리 그리고 월러스틴의 근대 세계체제라는 통상의 서구 사상을 무용지물로 만든다. 후발주자인 유럽은 문화와 다른 상품의 수입자였는데, 이는 초기 유럽 문화의 뒤섞인 특징에서 나타난다.

둘째, "모더니티"와 "자본주의", 둘 다 모두 풀어야 할 거대한 개념이다. 근대 사회학은 점차 모더니티 사회학에 자리를 내주었고, 그다음에는 모더니티 인류학에 자리를 내주고 있다. 이런 과정에서 모더니티는 **모더니티들**에 자리를 내주고 있는데, 같은 이유로 근대화에 대한 인류학적 시각들은 지역 변화를 해석하는 데 나름의 견해를 제시하고 있다. "지역이라는 프리즘을 통해 모더니티를 보고 있다"(Miller 1995)는 견해는 예상치 못한 결과를 낳았다. 근대화는 서구화이고 이는 곧 발전이라는 생각은 이미 흘러간 노래이다. 이제 서구보다 수십 년 동안 높은 성장률을 보여주는 나라들이 새로운 모더니티들을 만들어내고 있다. 이런 새로운 뒤범벅의 모더니티들의 특징과 전망은 무엇인가? 지구화, 증가하는 커뮤니케이션 그리고 이동성은 일반적으로 "전통적" 그리고 "근대적" 실천들 사이에서 새로운 조합을 만들어낼 기회를 제공한다. 예를 들어서 지역과 국제 비정부기구 그리고 "전통" 기구들 사이에서의 새로운 형식의 협동이 이에 해당한다. 마찬가지로 민족지적 렌즈를 통해 자본주의를 보면 예기치 못한 새로운 모습이 보인다(Millller 1997). 자본주의만이 문화의 꼴을 만드는 것은 아니다. 자본주의는 문화 내에 배태되어 있으며, 자본주의는 문화적 만남(rendezvous)이다. 다양한 이유에서 단수인 자본주의보다 복수인 **자본주의들**이 더 생산적인 관점이다. 이는 혼종성이 예나 지금이나 지역 변화를 해석하는 데 점차 중요해지고 두드러진 서사(narrative)이며, 새로운 관례라는 주장에 반대하는 것이다(Siebers 1996, Matsuda 2001, Silva 2002, Whatmore 2002).

월터 앤더슨(Walter Anderson)이 이야기한 것처럼 "모든 종류의 상징들은 원래 뿌리에서 떨어져 나와 민들레씨처럼 전 세계를 자유롭게 떠다닌다(2001: 89). 그리고 혼종성의 목록들은 다음과 같이 계속 이어질 수 있다. "클레즈머 플라멩코(klezmer flamenco: 유대인 민속음악단의 플라멩코—옮긴이), 일본의 살사, 프랑스의 블루그래스(1940년대 후반 미국에서 발생한 컨트리 음악의 하위 장르—옮긴이), 독일의 인도인들(같은 책: 90)." 이 책은 여기에 다음 항목을 덧붙이고자 한다. 브리콜라주는 상징뿐만 아니라 구조와 제도에도 적용된다. 최근에 혼합이 가속화되고 있지만 이는 마을 동산처럼 아주 오래 전부터 있었던 것이며, 따라서 뿌리들도 이미 혼합된 것이다. 따라서 문화 뒤범벅과 코스모폴리터니즘은 귀중한 엘리트의 경험이자 집합적 조건과 경험이기도 하다. 세계적 뒤범벅은 단지 국가를 추종하는 것이 아니라 국가들에 선행한다. 우리는 이미 일상에서 코스모폴리턴적인 삶을 살고 있다. 라틴계 작가인 리처드 로드리게스(Richard Rodriguez)는 여기서 더 나아가 이렇게 말한다. "우리는 라틴아메리카에서 미국을 전도하는 복음주의자를 볼 뿐만 아니라 동시에 인도 다신교가 로스앤젤레스 영화배우들의 마음을 빼앗은 모습도 본다. 우리는 이런 엄청난 복잡성과 다양성을 목도하고 있는데, 이것은 '다양성 찬양'의 흉내 내기이다. ……다양성은 우리 삶의 기본이 될 것이다. 이것이 이른바 모던이 향후 무엇을 의미할지를 알려준다"(London 1997).

하르툼(Khartoum)의 변두리 달동네에서 혼종성은 이슬람 율법(Sharia)의 부과와 같은 포괄적인 사회공학을 의미하는데 이것은 가동되지 않는다

(Simone 1994: 224). 이는 국경 지대가 반드시 메티사지의 안방이 아닐 수도 있음을 의미한다. 이들은 국경에 있기 때문에 보수주의의 방어막과 저항의 성벽이 될 수도 있다. 에스파냐 국토수복운동 국면에서 마지막 목표였던 안달루시아에서 가톨릭 세력은 강한 보수적 정체성을 견지했는데, 암울한 프랑코 독재 치하에서도 그러했다(Dietz 2001, Gonzalez Alcantud 1993). 이 지역은 알람브라 궁전을 건설한 모로코 이주민보다 이 건물의 화려함을 보러 온 관광객을 더 따뜻하게 맞아주고 있다.

혼종성은 양극화와 갈등의 환경 속에서 무엇을 의미하는가? 니루 레트남(Niru Ratnam)은 "혼종성이 로렌스 살인과 같은 문제들도 다룰 수 있는지" 질문했고, "혼종성은 단지 런던 남부의 엘섬(Eltham)의 언어가 아니라는 사실"을 관찰했다(1999: 156, 158).

이는 한편으로 영국인이 된다는 것에 대한 점차 복잡해지는 의미를 대충 얼버무리고 가는 것을 의미하는가(Parekh 2002), 또는 영국에서 증가하는 국제결혼 숫자와 이로부터 생겨나는 복잡한 전기들을 무시하는 것(Phillips 2001, Alibhai-Brown 2001)을 의미하는가?

양극화란 절충안을 억압하는 것을 의미하는데, 억압이란 절충안이 없음을 의미하는 것은 아닌가? 만성적 갈등 지역인 이스라엘과 팔레스타인의 국경지들 한가운데서 혼종성은 무엇인가? 이런 갈등의 지속을 인정한다는 것은 양측의 다중적 정체성, 즉 아랍계 이스라엘인의 복합적 정체성과 국경 양쪽의 레반트 배경을 무시하는 것인가(Alcalay 1993)?

국민국가의 유대는 이렇게 큰 영향력을 끼쳤는데, 이는 정착 생활의 경험, 농업, 도시 생활 그리고 국민경제의 토대인 산업에서 성장한 것이다. 국민국가는 오래된 영토적 정명을 상속받았는데, "국가적 이해관계"는 이 정명에 의해 지리정치적, 지리전략적 틈새와 기획으로 번역되었다. 이와 더불어 정명은 역사를 결코 움직일 수 없는 자산이자 비전으로 구성했다. 들뢰즈와 가타리(Deleuze and Guattari 1984)는 인식의 패러다임으로서 정착과 유목을 구분했다. 우리가 초점을 정착에서 **이동** 범주로 옮기면 모든 환경과 시야는 변한다. 즉 사냥, 유목과 목축, 어업, 무역, 초국가적 기업 그리고 초공간(hyperspace) 모두 탈영토화된 곳에 형성된 것이다. 만약 이동이 정착만큼이나 종(種)을 규정하는 요소라면, 왜 정체성은 이동 범주보다 정착에 관심의 초점을 두는가? 왜 이동성보다 부동의 자산 분석에 특권을 부여하는가? 기술 변화라는 관점에서 보면, 우리는 시간이 지나면서 이동성이 정착과 같거나 더 중요할 것이라 예상할 수도 있다. 국경을 횡단하는 행동들이 더 활성화되고 있고, 국경 갈등은 그대로 남아 있겠지만, 이런 행동들은 편재할 텐데, 이를 역동적이라고 정의할 수 있는가?

미래들은 또한 장기 지속성을 띠기 때문에 세계 역사와 정치에 대한 진화적인 시각은 적절하다(Thompson 2001). 하지만 미래는 저당 잡혀 있다. 따라서 멕시코 철학자인 호세 바스콘셀로스(Jose Vasconcelos)는 미래 행성의 인간 혼합물, 즉 우주 인종(a Cosmic Race, 1948)의 출현을 예측했다. 하지만 바스콘셀로스는 이를 통해 "인종"에 대한 오래된 편견을 재생산했다. 이와 마찬가지로 리처드 로드리게스(Rodriguez 2002)는 갈색을 이용해서 현 시대를 열었는데, 이 색은 피부의 색조이기도하다.

내가 이런 생각에서 피하거나 떨쳐버리고 싶은 잘못된 인식은 "문화"는 정화되고 분리된 영역이며, 이는 정치와 경제라는 견고한 실재의 부드러운 면 어딘가에 있다고 생각하는 것이다. 문화는 루브르에서 보내는 오후, 밀라노의 스칼라극장이나 하드록 카페에서 보내는 저녁일 뿐만 아니라 헤브론을 순찰하는 오후이기도 하다. 문화는 보편적인 인간 소프트웨어이며, 세계의 어떤 기업도 소프트웨어 없이 작동하지 않는다. 욕망과 목표 그리고 목표를 성취하는 방법과 기대에는 모두 문화적 특성이 있다. 권력 자체는 문화적 꿈이다. 철학자 버트런드 러셀은 "인간의 무한한 욕망 중에서 우두머리는 권력과 영광이다"라고 했다(1938: 11).

사회과학의 구성주의와 함께 사회적 리얼리티들과 경계들이 사회적으로 구성된다는 인식이 형성되었고, 담론 분석도 같은 점을 지적한다. 이는 "문화"를 사회과학의 중심에 위치시킨다. 국민됨이나 종족성, 종교, 정체성, 국가 안보, 국가 이해관계 등에 대한 특정한 문화적 이해 덕분에 그것들이 작동되는 곳에 경계들이 이르게 되었다. 경계와 국경에 지대한 관심이 쏟아졌는데, 이는 계급의 운명과 종족 집단들, 엘리트들에 영향을 끼치기 때문이다. 하지만 국경과 경계는 권력의 차이를 발생시키는 사회적 구성물이며, 문화적 주장 속에 배태되어 있으며, 약호화되어 있다. 따라서 이런 구별은 갈등과 문화 사이에서 흐르는 것이 아니다. 왜냐하면 갈등 자체가 문화적 활동의 일부이기 때문이다. 국내 정치는 문화적 차이의 정치를 통해서 이루어지며(Leege et al. 2002), 이는 국제정치도 마찬가지이다(Nederveen Pieterse 2002b). 이것이 바로 문화에 대한 토론의 성패를 가르는 부분이다. 왜냐하면 문화는 전쟁터이고, 혼종성은 무인지경에 지도를 그리는 것이기 때문이다. 혼종성이 투쟁을 막을 수는 없다. 하지만 혼종성은 투쟁에 대해 다중적인 견해를 제시하고 양측의 다중 정체성을 보여줌으로써 문화와 정치 영역에서 주도적인 "우리 대 그들(us versus them)"이라는 이원론을 초월하게 한다.

주

2 지구화와 인류 통합: 우리 모두는 이주자다

1. 유토피아의 어두운 계시록적 측면을 논하고 있는 책으로는 Neville-Sington & Sington 1993, Grosso 1995, Thompson 1996, Cohn 1993 참조.
2. 무굴제국의 문화적 영향력 확장에 대해서는 Ahmed 1995를 참조할 것. 이 글은 무굴 미니어처와 렘브란트 작품을 비롯한 유럽 회화의 상호작용을 논한다.
3. Skolimowski 1994와 Nederveen Pieterse 2001c의 9장 참조.
4. 사회자본에 대해서는 Nederveen Pieterse 2003b에서 상술하고 있으며, 종족성은 Nederveen Pieterse 1997a와 Shahanan 1997을, 다문화주의는 Nederveen Pieterse 2001a를 참조할 것.
5. Castles 1998을 참조할 것. 오직 소수의 경제학자들만이 자유무역과 개방적 이주 정책 또는 이주 관리에 우호적인 태도를 견지한다(Bhagwati 1997과 2003).

3 지구화와 문화: 세 개의 패러다임

1. 문화에 대한 열린 정의는 적절하며 또한 국제 관계 문집에서 명확하게 드러난다. 이에 따르면 문화는 "어떤 사람들이 공유하는 의미들과 인식들 그리고 가치들의 시스템이다"(Jacquin et al. 1993: 376).
2. 자본주의 주제에 대한 발전된 논의는 Nederveen Pieterse 2003a에서 참조할 것.
3. 예를 들어서 Wilson & Dissanayake 1996, Jameson & Miyoshi 1998, Appadurai

2001, Comaroff & Comaroff 2001 참조.

4. 이 사례는 혼종성의 정치적 요령부득을 보여주고 있는데, 이에 대해서는 다음 장 참조.

4 혼종화로서 지구화

1. 국제 관계에서 이와 동등한 관점은 Morse 1976에서 나타난다. 필자는 다원적 지구화들에 대해 변론을 하고 지구화를 계속해서 단수의 형태로 사용할 것이다. 이는 단수형의 지구화가 전통적인 용법에 부합하기 때문이다. 그러한 요지를 구차한 문법으로 강조할 필요 또한 없다.
2. 예를 들어 뒤범벅 요소는 Chase-Dunn과 Hall(1993: 865-866)이 말하는 반주변 지역에 대한 정의에서 이해될 수 있다. "(1) 반주변 지역은 중심과 주변의 조직 형식들 모두를 혼합하는 지역이다. (2) 반주변 지역은 공간적으로 중심과 주변 지역들 사이에 위치할 것이다. (3) 중심과 주변 지역들 간의 활동들을 매개하는 것은 반주변 지역들에서 수행될 것이다. (4) 반주변 영역은 제도적 특징들이 중심과 주변에서 발견되는 형식들 사이를 일정한 방식으로 매개하는 영역이 될 것이다." 흥미롭게도, 체이스-던과 홀 또한 "'주변'이 체계적으로 '중심'을 활용하는" 상황들을 지적함으로써 중심과 주변의 개념들을 불안정하게 만든다(1993: 864). 필자로 하여금 이와 같은 자료 및 맥락을 통해 반주변적 상관성을 깨닫게 해준《국제사회학(International Sociology)》의 익명의 서평자에게 감사하는 바이다.
3. 필자는 이러한 사례를 Nederveen Pieterse 1994와 1989(15장)에서 주장한다.
4. 이는 이베리아 반도에서 태어난 **반도 주민**(peninsulares), **원주민**(indigenes) 혹은 토착 미국인, 그리고 유럽 혈통과 토착 미국인 혈통 간에 걸쳐 있는 **라디노**와 **촐로**(cholos)에 대비된다.
5. 아랍과 이슬람 지식인들이 표현의 자유를 지지하며 쓴 에세이 모음집인《루시디를 위하여(Pour Rushdie)》에서 파리는 "아랍의 수도(capitale Arabe)"로 지칭된다. 이는 보편적 가치라는 이름으로 다층적 주관성들의 집단적 기반을 요구하는 혼종성의 또 다른 관념을 환기시킨다.
6. 필자는 비판적 글로벌리즘을 현재적 지형에 대한 하나의 접근법으로 사용한다

(Nederveen Pieterse 2001c). 제국주의 대 지구화에 대한 이러한 논의는 9·11 사건에 이은, 새로운 제국주의적 전환이 시작된 이후부터 나타났다. 이것은《지구화 혹은 제국?(Globalization or Empire?)》(Routledge, 2004)에서 다루어진다.

7. 비록 (이 예외가) 오래도록 문제시된다 할지라도 인류학의 전통적 연구 대상들인 "격리된 원시 집단들(primitive isolates)"의 일부는 이에 대한 예외로 분류될 수 있을 것이다.

5 혼종성, 그래서 어찌할 것인가? 반혼종성의 반격과 인정의 수수께끼

1. 예를 들면 홀, 바바, 길로이, 한네르츠, 헵디지, 아파두라이, 루시디, 가르시아 칸클리니(García Canclini)의 작업이 있다.
2. 이 시기의 흥미로운 논의로는 Hughes 1958이 있다. 이교도, 정통파, 유대인 및 실증주의적 요소들을 결합하는 프로이트적 감성의 다층적 성격에 대해서는 Loewenberg 1996 참조.
3. "라틴어로 hybrida는 원래 유순한 암퇘지와 거친 수퇘지의 새끼를 의미했다" (Cashmore 1996: 165).
4. 이러한 노선을 따르는 비평들에는 Shohat and Stam 1994, Fusco 1995, Young 1995, McLaren 1997, McLaren and Farahmandpur 2000, Brah and Coombes 2000 등이 있다. 맥라렌은 혼종성의 사유에 대한 반론들을 검토한다(1997: 10-11). 그러고 나서 "내러티브 참여로서의 비판적 성찰과 포스트혼종성"에 대한 상이한 입장을 내놓는다(76-114). 프리드먼(1990)은 앞선 논의의 크레올화를 참조한다.
5. 베니타 패리(Benita Parry)(1987)는 담론을 특권화하고 식민주의의 물질적 현실을 간과하는 혼종성 관점에 맞서고자 한다. 이러한 사유 노선은 아흐마드(1992)에 의해 발전되었다. 지그문트 바우만(Zygmunt Bauman, 1998: 3) 역시 혼종성을 "상류 문화"의 문제로 본다. 또 다른 출처들로는 Zizek 1997, Meera 2001가 있다.
6. 필자는 이러한 파토스가 겨우 1800년 이후부터 시작되었다고 주장하는 바이다 (Nederveen Pieterse 1994).
7. 2~3세대 이주자들 간에 발생하는 혼종성과 다층적 정체성은 풍부하게 논의된다. 아시아계 미국인에 대해서는 Lowe 1991, Liu 1995, Tamayo Lott 1997, Yang 외

1997, 재미교포에 대해서는 Hyun 1995 참조. 미국에 대한 일본의 영향(Conor 1991, Feinberg 1991) 및 역작용, 일본에서 나타난 변화들(Kosuka 1989, Matsuda 2001)은 광범위하게 논의된다.

8. 이런 식의 관점은 프리드먼과 지젝의 작업(Zizek 1997)에서 분명하게 나타난다. 마르크스주의와 다문화주의에 대한 혐오가 부합할 필요가 없다는 사실은 맥라렌의 작업에서 설명된다.

9. 루이지 카발리-스포르차(Luigi Cavalli-Sforza 2000)는 진화적인 아프리카 기원설을 확증할 뿐만 아니라 인간 진화의 계보, 곧 다양한 인구 집단들 간의 관계에 대한 나뭇가지 모양의 도표를 제작한다. 그는 유럽의 인구 집단이 지구상에서 유전학적으로 가장 혼성적이라는 사실을 드러냄으로써 유럽적 특질의 형성이 유전적으로 가장 순수하고 인종 혼합에 의한 약화가 가장 덜했기 때문이라고 주장했던 고비노 백작과는 정반대 입장에 선다. 이것은 인간 게놈 연구가 찾아낸 결과들에 부합한다. 인류(human race)라는 단 하나의 인종만이 존재한다. 인간 게놈 99.9퍼센트가 동일하다. 인종적 차이라 불리는 것들은 글자 그대로 피부 표면을 가리킬 뿐이다(Angier 2000).

10. 프랑스 조절 학파(French régulation school)의 관점에서 모든 조절 형식들은 역사적으로 발전했으며 또한 정치적 타협들로 구성되어 있기 때문에 "순수한" 조절 형식들은 존재하지 않는다.

11. 오늘날 도시들은 대개 혼종적인 것으로 특징화된다. "도시들은 본질상 문화적으로 혼종적이다"(Amin 외 2000: vi). King 1996과 Alsayyad 2001을 참조하라.

12. 레비스트로스의 **미개 사유**(pensée sauvage)에 대응하는 프랑스 인류학의 연구 주제 가운데 하나는 **잡종 사유**(la pensée métisse)이다. Amselle 1990, Horton 1990, Gruzinksi 1999 참조.

13. Fusco 1995(McLaren 1997: 10에서 재인용). Shohat and Stam 1994, Nederveen Pieterse 1998b와 4장을 참조하라.

14. 개인적 소통에서 아이세 카글라르(Ayse Caglar)는 교차 계급적(cross-class) 혼합을 혼종적이라 지칭하는 경우는 드물다고 지적한다.(신분이 낮은 사람과의 결혼에 대한 전통적 용어법 참조.) 그것은 신흥 부유층과 같은 현상들에 적용될 것이다(Robinson and Goodman 1996 참조).

15. 지구화는 무엇인가? 이러한 질문에 대한 응답으로 한 파키스탄 동료는 다음과 같이 자세히 열거한다. "이집트인 남자친구를 둔 영국 왕세자비(다이애나 왕세자비)가 노르웨이산 휴대전화를 사용하다 프랑스 터널에서 네덜란드 엔진을 탑재한 독일제 차량과 충돌하는데, 이 차의 운전자는 벨기에인이고, 스코틀랜드 위스키를 잔뜩 마신 채 일본산 오토바이를 탄 이탈리아 파파라치들에게 바싹 쫓기고 있었다. 필리핀 스태프의 도움을 받는 미국인 의사가 브라질산 치료제로 치료하던 중 그녀는 사망한다." 필리핀에서 이 메시지의 새로운 버전이 이메일을 통해 전파되고 있다. "이것은 어느 필리핀 사람이 빌 게이츠의 기술을 사용해 당신에게 보낸 것입니다. 그는 이 기술을 일본인에게서 훔쳐왔습니다. 대만산 반도체 칩과 한국산 모니터를 사용하는 방글라데시 노동자들에 의해 싱가포르 공장에서 조립된 후 인도인이 운전하는 화물차들에 실려 운반되지만 인도네시아 사람들에게 강탈당해 결국은 중국 사람이 당신에게 팔게 되는, IBM 범용 컴퓨터들 중 하나를 통해, 아마도 당신은 이 메시지를 읽고 있겠지요."

16. 인류학에서 임계성은 아르놀트 판 헤네프(Arnold van Gennep)가 말하는 여러 단계들을 거치는 통과의례 내지 빅터 터너(Victor Turner)가 말하는 변형 공간으로서의 "임계적 공간"의 특성을 가리킨다. 포스트식민 연구에서 바바는 임계적인 것을 고정된 정체화들 사이의 틈새적 통로로 보고 주목한다. 임계적 현상들에 관한 이론과 실천을 위한 잡지인 〈리멘(Limen)〉은 크로아티아에서 출간되었으며(2001), "산업적 & 후기산업적, 사회주의 & 자본주의 등의 사이-안에서의 임계적 발생"을 다루고자 한다.

참고문헌

Abdel-Malek, Anouar. *Civilizations and Social Theory.* 2 vols. London: Macmillan, 1981.

Abu-Lughod, Janet L. *Before European Hegemony: the World-System A.D. 1250-1350.* New York: Oxford University Press, 1989. (재닛 아부-루고드, 《유럽 패권 이전—13세기 세계체제》, 까치글방, 2006.)

Adams, F., S. Dev Gupta, and K. Mengisteab, eds. *Globalization and the Dilemmas of the State in the South.* London: Macmillan, 1999.

Ahmad, Ajjaz. *In Theory: Classes, Nations, Literatures.* London: Verso, 1992.

Ahmed. Khalid Anis, ed. *Intercultural Encounters in Mughal Miniatures.* Lahore: National College of Arts, 1995.

Al-Azmeh, Aziz. *Islams and Modernities.* London: Verso, 1993.

Albert, Michel. *Capitalism against Capitalism.* London: Whurr, 1993.

Albrow, Martin. "Introduction." In *Globalization, Knowledge and Society,* edited by M. Albrow and E. King. London: Sage, 1990.

Alcalay, Ammiel. *After Jews and Arabs: Remaking Levantine Culture.* Minneapolis: University of Minnesota Press, 1993.

Alfino, Mark, John S. Caputo, and Robin Wynyard, eds. *McDonaldization Revisited: Critical Essays on Consumer Culture.* Westport, CT: Praeger, 1998.

Alibhai-Brown, Yasmin. *Mixed Feelings: The Complex Lives of Mixed-Race*

Britons. London: The Women's Press, 2001.

Alsayyad, Nezar, ed. *Hybrid Urbanism*. Westport, CT: Praeger, 2001.

Ambrose, Stephen E. *Rise to Globalism: American Foreign Policy since 1938*. London: Lane, 1971.

Amin, Ash, Doreen Massey, and Nigel Thrift. *Cities for the Many, Not the Few*. Bristol: Policy Press, 2000.

Amin, Samir. *Capitalism in the Age of Globalization*. London: Zed, 1997.

______. *Delinking: Towards a Polycentric World*. London: Zed, 1990.

Amselle, Jean-Loup. *Logiques Métisses: Anthropologie de l'identité en Afrique et Ailleurs*. Paris: Payot, 1990 〔*Mestizo Logics: Anthropology of Identity in Africa and Elsewhere*. Stanford, CA: Stanford University Press, 1998〕.

Anderson, Benedict. "The New World Disorder." *New Left Review* 190 (1992): 3-14.

Angier, N. "Do Races Differ? Not Really, Genes Show." *New York Times*, 22 August 2000.

Anzaldúa, Gloria. *Borderland/La Frontera*. San Francisco: Spinsters/Ann Lute, 1987.

Appadurai, Arjun. "Disjuncture and Difference in the Global Political Economy." pp. 295-310 in *Global Culture*, edited by Featherstone, 1990.

______, ed. *Globalization*. Durham, NC: Duke University Press, 2001.

Appiah, Kwame Anthony. *In My Father's House: Africa in the Philosophy of Culture*. Oxford: Oxford University Press, 1992.

Araeen, Rasheed. "A New Beginning: Beyond Postcolonial Cultural Theory and Identity Politics." *Third Text*, no. 50 (2000): 3-20.

Arnason, Johann P. "Nationalism, Globalization and Modernity." pp. 207-36 in *Global Culture*, edited by Featherstone, 1990.

Aurobindo, Sri. *The Ideal of Human Unity* 〔1st ed. 1915〕, In *The Penguin Aurobindo Reader*, edited by M. Paranjape. New Delhi: Penguin, 1999.

Avneri, Uri. *My Friend the Enemy*. London: Zed, 1986.

Axford, Barrie. *The Global System: Economics, Politics and Culture.* Cambridge: Polity, 1995.

Bakhtin, Mikhail. *Rabelais and His World.* Cambridge: MIT Press, 1968. (미하일 바흐찐, 《프랑수아 라블레의 작품과 중세 및 르네상스의 민중문화》, 아카넷, 2001.)

Banuri, Tariq. "Modernization and Its Discontents: A Cultural Perspective on Theories of Development." pp. 73-101 in *Dominating Knowledge*, edited by F. Appfel-Marglin and S. A. Marglin. Oxford: Clarendon Press, 1990.

Barber, Benjamin R. *Jihad vs. McWorld.* New York: Times Books, 1995.

Bastide, Roger. "Mémoire collective et sociologie du Bricolage." *L'Année Sociologique* 211 (1970).

Bateson, Gregory. *Steps to an Ecology of Mind.* San Francisco: Chandler, 1972.

Bauman, Zygmunt. *Modernity and the Holocaust.* Ithaca, NY: Cornell University Press, 1989.

______. *Globalization: The Human Consequences.* Cambridge: Polity, 1998.

Bayart, François. *L'état en Afrique: La politique du ventre.* Paris: Fayard, 1992.

Beale, D. *Driven By Nissan? A Critical Guide to New Management Techniques.* London: Lawrence and Wishart, 1999.

Beck, Ulrich. *What Is Globalization?* Oxford: Blackwell, 2000.

Bell-Fialkoff, Andrew. "A Brief History of Ethnic Cleansing." *Foreign Affairs* 72, no. 3 (1993): 110-21.

Bello, Walden. *The Future in the Balance: Essays on Globalization and Resistance,* edited by Anuradha Mittal. San Francisco: Food First, 2001.

Benn, Denis, and Kenneth Hall, eds. *Globalization: A Calculus of Inequality, Perspectives from the South.* Kingston, Jamaica: Ian Randle Publishers, 2000.

Bérubé, Michael. "Hybridity in the Center: An Interview with Houston A. Baker, Jr." *African American Review* 26, no. 4 (1992): 547-64.

Bhabha, Homi K. "Dissemination: Time, Narrative and the Margins of the Modern

Nation." In *Nation and Narration*, edited by idem. London: Routledge, 1990.
Bhagwati, Jagdish. *A Stream of Windows: Unsettling Reflections on Trade, Immigration and Democracy.* Cambridge: MIT Press, 1997.
______. "Borders beyond Control." *Foreign Affairs* 82, no. 1 (2003): 98-104.
Bhavnani, Kum Kum. "Rassismen Entgegnen: Querverbindungen und Hybridität." pp. 186-203 in *Gegen-Rassismen,* edited by Kossek, 1999.
Billington, James H. *Fire in the Minds of Men: The Origins of the Revolutionary Faith.* New York: Basic Books, 1980.
Bird, Jon, Barry Curtis, Tim Putman, George Robertson, and Lisa Tickner, eds. *Mapping the Futures: Local Cultures, Global Change.* London: Routledge, 1993.
Bista, Dor B. *Fatalism and Development: Nepal's Struggle for Modernization.* Calcutta: Orient Longman, 1994.
Bor, Joep. "Studying World Music: The Next Phase." Unpublished paper, 1994.
Botev, Nikolai. "Where East Meets West: Ethnic Intermarriage in the Former Yugoslavia, 1962 to 1989." *American Sociological Review* 59 (1994): 461-80.
Boyer, Robert, and Daniel Drache, eds. *States against Markets: The Limits of Globalization.* London: Routledge, 1996.
Brah, Avtah, and Annie Coombes, eds. *Hybridity and Its Discontents.* London: Routledge, 2000.
Brennan, Timothy. *Salman Rushdie and the Third World: Myths of the Nation.* New York: St. Martin's Press, 1989.
Bruignac-La Hougue, V. de, et al. *Touches d'exotisme, XIV-XX siècles.* Paris: Union Centrale des Arts Décoratifs, 1998.
Budde, H. "Japanische Farbholzschnitte und Europäische Kunst: Maler und Sammler im 19. Jahrhundert." In *Japan und Europa 1543-1929*, edited by D. Croissant et al. Berlin: Berliner Festspiele/Argon, 1993.
Caine, Barbara, Elisabeth A. Grosz, and Marie De Lepervanche, eds. *Crossing Boundaries: Feminisms and the Critique of Knowledges.* Sydney: Allen and

Unwin, 1988.
Caldéron, F. "América Latina, Identitad y Tiempos Mixtos, O Cómo Pensar La Modernidad Sin Dejar De Ser Boliviano." pp. 225-9 in *Imàgenes Desconocidas.* Buenos Aires: ed. CLACSO, 1988.
Camilleri, Joseph A., and Chandra Muzaffar, eds. *Globalization: The Perspectives and Experiences of the Religious Traditions of Asia Pacific.* Petaling Jaya: International Movement for a Just World, 1998.
Canclini, García Nestor. *Hybrid Cultures.* Minneapolis: University of Minnesota Press, 1995.
_____. "A Re-imagined Public Art on the Border." In *Intromisiones Compartidas: Arte y Sociedad en la Frontera Mexico/Estados Unidos,* edited by N. G. Canclini and J. M. V. Arce. San Diego, Tijuana: Conaculta, Fonca, 2000.
Canevacci, Massimo. "Image Accumulation and Cultural Syncretism." *Theory Culture and Society* 9, no. 3 (1992): 95-110.
_____. "Fragmented Identity, Governmental Policy and Cultural Syncretism." Unpublished paper, 1993.
Cashmore, Ellis. *Dictionary of Race and Ethnic Relations.* 4th ed. London: Routledge, 1996.
Castles, Stephen. "Globalization and Migration: Some Pressing Contradictions." *International Social Science Journal* 50, no. 2 (1998): 179-86.
Cavalli-Sforza, L. L. *Genes, Peoples, and Languages.* New York: North Point Press and Farrar Straus and Giroux, 2000.
Cerny, Philip G. *The Changing Architecture of Politics: Structure, Agency and the Future of the State.* London: Sage, 1990.
Chase-Dunn, Christopher, and Thomas D. Hall. "Comparing World-Systems: Concepts and Working Hypotheses." *Social Forces* 72, no. 1 (1993): 851-86.
Chideya, Farai, *The Color of Our Future: Race for the 21st Century.* New York: Quill, 1999.
Clark, Robert P. *The Global Imperative: An Interpretive History of the Spread*

of Humankind. Boulder, CO: Westview Press, 1997.
Clarke, John J. *Oriental Enlightenment: The Encounter between Asian and Western Thought.* London: Routledge, 1997.
Cohn, Norman. *Cosmos, Chaos and the World to Come: The Ancient Roots of Apocalyptic Faith.* New Haven, CT: Yale University Press, 1993.
Comaroff, Jean, and John L. Comaroff, eds. *Millennial Capitalism and the Culture of Neoliberalism.* Durham, NC: Duke University Press, 2001.
Connolly, William E. *Identity/Difference: Democratic Negotiations of Political Paradox.* Ithaca, NY: Cornell University Press, 1991.
Connors, Michael, *The Race to the Intelligent State: Charting the Global Information Economy in the 21st Century.* Oxford: Capstone, 1997.
Conor, Bernard E. *Japan's New Colony: America.* Greenwich, CT: Perkins Press, 1991.
Cooperrider, David L., and Jane E. Dutton, eds. *Organizational Dimensions of Global Change: No Limits to Cooperation.* London: Sage, 1999.
Cox, Robert W. "Global Perestroika." pp. 26-43 in *New World Order? Socialist Register 1992*, edited by Ralph Miliband and Leo Panitch.London: Merlin Press, 1992.
Curtin, Philip D. *Cross-cultural Trade in World History.* Cambridge: Cambridge University Press, 1984.
Dahrendorf, Ralf. *Pfade Aus Utopia.* München: Piper, 1967.
Dallmayr, Fred R. *Achieving Our World: Toward a Global and Plural Democracy.* Lanham, MD: Rowman & Littlefield, 2001.
Dathorne, O. R. *Asian Voyages: Two Thousand Years of Constructing the Other.* Westport, CT: Bergin and Harvey, 1996.
Deacon, Bob, M. Hulse, and P. Stubbs, *Global Social Policy.* London: Sage, 1998.
Deleuze, Gilles, and Felix Guattari, *Anti-Oedipus: Capitalism and Schizophrenia.* New York: Viking Press, 1984. (질 들뢰즈·펠릭스 과타리, 《안티 오이디푸스—

자본주의와 분열증》, 민음사, 2014.)
Denitch, Bogdan. *Ethnic Nationalism: The Tragic Death of Yugoslavia.* Minneapolis: University of Minnesota Press, 1994.
Dietz, Gunther. "Frontier Hybridization or Culture Clash? Transnational Migrant Communities and Sub-national Identity Politics in Andalusia, Spain." La Jolla: University of California at San Diego, Center For Comparative Immigration Studies Working Paper no. 35, 2001.
Dirlik, Arif. "The Postcolonial Aura: Third World Criticism in the Age of Global Capitalism." *Critical Inquiry* (Winter 1992): 328-56.
Dirlik, Arif, Vinay Bahl, and Peter Gran, eds. *History after the Three Worlds: Post Eurocentric Historiographies.* Boulder, CO: Rowman & Littlefield, 2000.
Dobbin, Christine. *Asian Entrepreneurial Minorities: Conjoint Communities in the Making of the World-Economy, 1570-1940.* Richmond, Surrey: Curzon Press, 1996.
Dower, J. *Japan in War and Peace: Essays on History, Race and Culture.* London: HarperCollins, 1995.
Doyle, Michael W. *Empires.* Ithaca, NY: Cornell University Press, 1986.
Eisenstadt, Samuel N., ed. *Multiple Modernities.* New Brunswick, NJ: Transaction Books, 2002.
Enloe, Cynthia. *Bananas Beaches and Bases: Making Feminist Sense of International Politics.* Berkeley: University of California Press, 1989.
Etzioni, Amitai. "Other Americans Help Break down Racial Barriers." *International Herald Tribune,* 10 May 1997.
Falk, Richard. *On Humane Governance: Towards a New Global Politics.* Cambridge: Polity, 1994.
Fanon, Franz. *The Wretched of the Earth.* Harmondsworth: Penguin, 1967.
Featherstone, Mike, ed. *Global Culture: Nationalism, Globalization and Modernity.* London: Sage, 1990.
Featherstone, Mike, Scott Lash, and Roland Robertson, eds. *Global Modernities.*

London: Sage, 1995.

Februari, Vernon A. *Mind Your Colour: The "Coloured" Stereotype in South African Literature.* London: Kegan Paul International, 1981.

Feddema, R. "Op Weg tussen Hoop en Vrees: De levensoriëntatie van jonge Turken en Marokkanen in Nederland." Utrecht University, Ph.D. diss., 1992.

Feinberg, W. *Japan and the Pursuit of a New American Identity: Work and Education in a Multicultural Age.* New York: Routledge, 1995.

Fischer, M. M. J. "Orientalizing America: Beginnings and Middle Passages." *Middle East Report* 22, no. 5 (1992): 32-7.

Fletcher, M. A. "Tiger Woods and the Melting Pot: New Categories Break the Mold." *International Herald Tribune,* 24 April 1997.

Foster-Carter, Aidan. "The Modes of Production Controversy." *New Left Review* 107 (1978): 47-77.

Frank, Andre Gunder, *Re-Orient: Global Economy in the Asian Age.* Berkeley: University of California Press, 1998. (안드레 군더 프랑크, 《리오리엔트》, 이산, 2003.)

Friedman, Jonathan. "Being in the World: Globalization and Localization." pp. 311-28 in *Global Culture,* edited by Featherstone, 1990.

_____. *Cultural Identity and Global Process.* London: Sage, 1994.

_____. "Global Crises, the Struggle for Cultural Identity and Intellectual Pork-barrelling: Cosmopolitans versus Locals, Ethnics and Nationals in an Era of De-Hegemonisation." pp. 70-89 in *Debating Cultural Hybridity,* edited by Werbner and Modood, 1997.

_____. "The Hybridization of Roots and the Abhorrence of the Bush." pp. 230-55 in *Spaces of Culture: City-Nation-World,* edited by Mike Featherstone and Scott Lash. London: Sage, 1999.

Frow, John. "The Concept of the Popular." *New Formations* 18 (1992): 25-38.

Fusco, C. *English Is Broken Here: Notes on Cultural Fusion on the Americas.* New York: New Press, 1995.

Galtung, Johan. "Structure, Culture and Intellectual Style." *Social Science Information* 206, no. 6 (1981): 816-56.

Gamble, C. *Timewalkers: The Prehistory of Global Colonization.* London: Penguin, 1993.

Gaonkar, Dilip P., ed. *Alternative Modernities.* Durham, NC: Duke University Press, 2001.

Giddens, Anthony, *The Consequences of Modernity.* Stanford, CA: Stanford University Press, 1990.

Göle, Nilufer. "Snapshots of Islamic Modernities." *Daedalus* 129, no. 1 (2000): 91-117.

González Alcantud, José A. *Agresión y Rito y Otros Ensayos de Antropología Andaluza.* Granada: Biblioteca de Etnología, 1993.

Goodman, David, and Michael J. Watts, eds. *Globalising Food: Agrarian Questions and Global Restructuring.* London: Routledge, 1997.

Goonatilake, Susantha. *The Evolution of Information: Lineages in Gene, Culture and Artifact.* London: Pinter, 1991.

_____. *Toward a Global Science.* Bloomington: Indiana University Press, 1999.

Gopal, S. "Images of World Society: A Third World View." *Social Science Information Journal* 24, no. 1 (1998): 375-79.

Gottdiener, Mark, ed. *New Forms of Consumption: Consumers, Culture, and Commodification.* Lanham, MD: Rowman & Littlefield, 2000.

Graham, R., ed. *The Idea of Race in Latin America, 1870-1940.* Austin: University of Texas Press, 1990.

Grandis, Rita de, and Zila Bernd, eds. *Unforeseeable Americas: Questioning Cultural Hybridity in the Americas.* Amsterdam: Rodopi, 2000.

Gray, H. P. "Globalization versus Nationhood." *Development and International Cooperation* 9, no. 16 (1993).

Greenfeld, K. T. *Speed Tribes: Children of the Japanese Bubble.* London: Boxtree, 1994.

Greenfield, L. *Nationalism: Five Roads to Modernity.* Cambridge, MA: Harvard University Press, 1992.

Griffin, Keith. "Culture, Human Development and Economic Growth." University of California, Riverside: Working Paper in Economics 96-17, 1996.

______. "Culture and Economic Growth: The State and Globalization." pp. 189-202 in *Global Futures,* edited by Nederveen Pieterse, 2000.

Griffin, Keith, and A. Rahman Khan. *Globalization and the Developing World.* Geneva: UNRISD, 1992.

Grosso, Michael. *The Millennium Myth: Love and Death and the End of Time.* Wheaton, IL: Quest Books, 1995.

Group of Lisbon. *Limits to Competition.* Cambridge: MIT Press, 1995.

Gruzinski, Serge. *La Pensée Métisse.* Paris: Fayard, 1999 〔*The Mestizo Mind: The Intellectual Dynamics of Colonization and Globalization.* New York: Routledge, 2002〕.

Gurnah, Ahmed. "Elvis in Zanzibar." pp. 116-41 in *The Limits of Globalization,* edited by A. Scott. London: Routledge, 1997.

Gurtov, M. *Global Politics in the Human Interest.* Boulder, CO: Lynne Rienner, 1988.

Hamelink, Cees, *Cultural Autonomy in Global Communications.* New York: Longman, 1983.

Hannerz, Ulf. "The World in Creolisation." *Africa* 57, no. 4 (1987): 546-59.

______. "Culture between Center and Periphery: Toward a Macroanthropology." *Ethnos* 54 (1989): 200-16.

______. *Cultural Complexity.* New York: Columbia University Press, 1992.

Harris, Nigel. *National Liberation.* London: Tauris, 1990.

Harrison, Lawrence E., and Samuel P. Huntington, eds. *Culture Matters: How Values Shape Human Progress.* New York: Basic Books, 2000.

Harvey, David. *The Condition of Postmodernity.* Oxford: Blackwell, 1989. (데이비드 하비, 《포스트 모더니티의 조건》, 한울, 2013.)

Harvey, Penelope. *Hybrids of Modernity: Anthropology, the Nation State and the Universal Exhibition.* London: Routledge, 1996.

Hechter, Michael. *Internal Colonialism: The Celtic Fringe in British National Development, 1536-1966.* London: Routledge and Kegan Paul, 1975.

Held, David. "Democracy: From City-States to a Cosmopolitan Order?" pp. 13-52 in *Prospects for Democracy,* edited by D. Held. Cambridge: Polity, 1992.

______. *Globalization/Anti-Globalization.* Oxford, Blackwell, 2002.

Held, David, Anthony McGrew, David Goldblatt, and J. Perraton. *Global Transformations.* Cambridge: Polity, 1999.

Helly, D. O., and S. M. Reverby, eds. *Gendered Domains: Rethinking Public and Private in Women's History.* Ithaca, NY: Cornell University Press, 1992.

Henderson, J. *The Globalisation of High Technology Production.* London: Routledge, 1993.

Hines, Colin. *Localization: A Global Manifesto.* London: Earthscan, 2001.

Hirsch, H. *Genocide and the Politics of Memory: Studying Death to Preserve Life.* Chapel Hill: University of North Carolina Press, 1995.

Hirst, Paul Q., and Grahame Thompson. *Globalization in Question.* Cambridge: Polity Press, 1996.

Horton, Robin. *La Pensée Métisse: Croyances Africaines et rationalité occidentale en questions.* Paris: Presses Universitaires de France, 1990.

Hösle, V. "The Third World As a Philosophical Problem." *Social Research* 59, no. 2 (1992): 227-62.

Howe, Stephen. *Afrocentrism: Mythical Pasts and Imagined Homes.* London: Verso, 1998.

Hughes, H. S. *Consciousness and Society: The Reorientation of European Social Thought, 1890-1913.* New York: Vintage, 1958.

Huntington, Samuel P. *The Third Wave: Democratization in the Late Twentieth Century.* Norman: Oklahoma University Press, 1991. (새뮤얼 헌팅턴, 《제3의 물결—20세기 후반의 민주화》, 인간사랑, 2011.)

_____. "The Clash of Civilizations." *Foreign Affairs* 72, no. 3 (1993): 22-49. (새뮤얼 헌팅턴, 《문명의 충돌》, 김영사, 1997.)

_____. *The Clash of Civilizations and the Remaking of World Order.* New York: Simon and Schuster, 1996.

Hyun, Peter. *In The New World: The Making of a Korean American.* Honolulu: University of Hawaii Press, 1995.

Ibrahim, Anwar. *The Asian Renaissance.* Singapore: Times Books, 1996.

Iriye, Akira. *Cultural Internationalism and World Order.* Baltimore, MD: Johns Hopkins University Press, 1997.

Iyer, Pico. *The Global Soul: Jet Lag, Shopping Malls and the Search for Home.* New York: Knopf, 2000.

Jacquin, D., A. Oros, and M. Verweij. "Culture in International Relations." *Millennium* 22, no. 3 (1993): 375-77.

Jameson, Frederick. *Postmodernism, or the Cultural Logic of Late Capitalism.* London: Verso, 1991.

Jameson, Frederick, and M. Miyoshi, eds. *The Cultures of Globalization.* Durham, NC: Duke University Press, 1998.

Johnson, Chalmers. *Blowback: The Costs and Consequences of American Empire.* New York: Henry Holt, 2000.

Just World Trust. *Dominance of the West over the Rest.* Penang: JUST, 1995.

Kaplan, Robert D. *The Ends of the Earth.* New York: Random House, 1996.

Kavolis, V. "Contemporary Moral Cultures and the 'Return of the Sacred.'" *Sociological Analysis* 49, no. 3 (1988): 203-16.

Keys, Donald, *Earth at Omega: Passage to Planetization.* Boston: Branden Press, 1982.

King, Anthony D. *Urbanism, Colonialism, and the World Economy: Cultural and Spatial Foundations of the World Urban System.* London: Routledge, 1990.

_____. "Introduction: Spaces of Culture, Spaces of Knowledge." pp. 1-18 in

Culture, Globalization and the World-System, edited by King, 1991.

_____. "The Times and Spaces of Modernity (or Who Needs Postmodernism?)." pp. 108-23 in *Global Modernities*, edited by Featherstone et al., 1995.

_____, ed. *Culture, Globalization and the World-System: Contemporary Conditions for the Representation of Identity.* Basingstoke: Macmillan, 1991. (앤소니 킹, 《도시문화와 세계체제》, 시각과 언어, 1999.)

_____, ed. *Re-presenting the City: Ethnicity, Capital and Culture in the 21st Century Metropolis.* Houndmills, Basingstoke: Macmillan, 1996.

Kobrin, Stephen J. "Back to the Future: Neomedievalism and the Postmodern Digital World Economy." *Journal of International Affairs* 51, no. 2 (1998): 361-86.

Kossek, Brigitte, ed. *Gegen-Rassismen.* Hamburg: Argument Verlag, 1999.

Kosuka, Masataka, ed. *Japan's Choice: New Globalism and Cultural Orientation in an Industrial State.* London: Pinter, 1989.

Kothari, Rajni. *Rethinking Development.* Delhi: Ajanta, 1988.

Kotkin, Joel. *Tribes: How Race, Religion, and Identity Determine Success in the New Global Economy.* New York: Random House, 1992.

Kreidt, D. "Kann Uns Zum Vaterland die Fremde Werden? Exotismus im Schauspieltheater." pp. 248-55 in *Exotische Welten, Europäische Phantasien.* Wurttemberg: Canrz, 1987.

Küng, Hans. *Global Ethics for Global Politics and Economics.* Oxford: Oxford University Press, 1997.

Lavie, Smadar. "Blow-ups in the Borderzones: Third World Israeli Authors' Gropings for Home." *New Formations* 18 (1992): 84-106.

Leege, D. C., K. D. Wald, B. S. Krueger, and P. D. Mueller. *The Politics of Cultural Differences: Social Change and Voter Mobilization Strategies in the Post-New Deal Period.* Princeton, NJ: Princeton University Press, 2002.

Lewis, Bernard. *What Went Wrong? The Clash between Islam and Modernity in the Middle East.* New York: Oxford University Press, 2002.

Li, Liu. "Theoretical Theses on 'Social Modernization.'" *International Sociology* 4, no. 4 (1989): 365-78.

Light, Ivan, and S. Karageorgis. "The Ethnic Economy." pp. 647-71 in *The Handbook of Economic Sociology,* edited by N. J. Smelser and R. Swedberg. Princeton, NJ: Princeton University Press, 1994.

Linke, Uli. *Blood and Nation: The European Aesthetics of Race.* Philadelphia: University of Pennsylvania Press, 1999.

Lipschutz, Ronald D. "Reconstructing World Politics: The Emergence of Global Civil Society." *Millennium* 21, no. 3 (1992): 389-420.

Lipset, Seymour Martin. *American Exceptionalism: A Double-edged Sword.* New York: Norton, 1996.

Liu, Hong. "Old Linkages, New Networks: The Globalization of Overseas Chinese Voluntary Associations and Its Implications." *The China Quarterly* 155 (1998): 582-609.

Loewenberg, Peter. "The Pagan Freud." pp. 13-32 in *Excavations and Their Objects: Freud's Collection of Antiquity,* edited by S. Barker. Albany: State University of New York Press, 1996.

London, S. "Crossing Borders: An Interview with Richard Rodriguez." *The Sun,* August 1997.

Lowe, Lisa. "Heterogeneity, Hybridity, Multiplicity: Marking Asian American Differences." *Diaspora* 1, no. 1 (1991): 24-44.

Lowe, Lisa, and David Lloyd, eds. *The Politics of Culture in the Shadow of Capital.* Durham, NC: Duke University Press, 1997.

_____. "Introduction." pp. 1-32 in *Politics of Culture,* edited by Lowe and Llyod, 1997.

MacDougall, H. A. *Racial Myth in English History: Trojans, Teutons and Anglo-Saxons.* Montreal: Harvest House, 1982.

Mackenzie, J. *Orientalism: History, Theory and the Arts.* Manchester: · Manchester University Press, 1995.

Mahathir, Mohamad, and S. Ishihara. *The Voice of Asia.* Tokyo: Kodansha International, 1995.

Mahtani, Minelle. "What's in a Name? Exploring the Employment of 'Mixed Race' As a Category." *Ethnicities* 2, no. 4 (2002): 469-90.

Malkki, Liisa. "National Geographic: The Rooting of Peoples and the Territorialization of National Identity among Scholars and Refugees." *Cultural Anthropology* 7, no. 1 (1992): 24-44.

_____. "Citizens of Humanity: Internationalism and the Imagined Community of Nations." *Diaspora* 3, no. 1 (1994): 41-68.

Mallory, J. P. *In Search of the Indo-Europeans: Language, Archaeology and Myth.* London: Thames and Hudson, 1991.

Mander, Jerry, and Edward Goldsmith, eds. *The Case against the Global Economy and for a Turn toward the Local.* San Francisco: Sierra Club, 1996.

Mann, Michael. *The Sources of Social Power.* Cambridge: Cambridge University Press, 1986.

_____. "Has Globalization Ended the Rise and Rise of the Nation State?" *Review of International Political Economy* 4, no. 3 (1997): 472-96.

Massey, Doreen. "A Global Sense of Place." pp. 232-40 in *Studying Culture,* edited by A. Gray and J. McGuigan. London: Edward Arnold, 1993.

Matsuda, Takeshi, ed. *The Age of Creolization in the Pacific: In Search of Emerging Cultures and Shared Values in the Japan-America Borderlands.* Hiroshima: Keisuisha, 2001.

Mazlish, Bruce, and Ralph Buultjens, eds. *Conceptualizing Global History.* Boulder, CO: Westview Press, 1993.

McGrew, Anthony G., and P. G. Lewis, eds. *Global Politics.* Cambridge: Polity Press, 1992.

McLaren, Peter. *Revolutionary Multiculturalism: Pedagogies of Dissent for the New Millennium.* Boulder, CO: Westview Press, 1997.

McLaren, Peter, and R. Farahmandphur. "Reconsidering Marx in Post-Marxist

Times: A Requiem for Postmodernism?" *Educational Researcher* (April 2000): 25-33.

McMichael, Philip. *Development and Social Change: A Global Perspective.* Thousand Oaks, CA: Pine Forge Press, 1996.

McNeill, Desmond. "On Interdisciplinary Research: With Particular Reference to the Field of Environment and Development." *Higher Education Quarterly* 53, no. 4 (1999): 312-32.

McNeill, William. *Plagues and Peoples.* Oxford: Blackwell, 1977.

_____. *The Pursuit of Power.* Chicago: University of Chicago Press, 1982.

Meera, Nanda. "We Are All Hybrids Now: The Dangerous Epistemology of Postcolonial Populism." *The Journal of Peasant Studies* 28, no. 2 (2001).

Melucci, Alberto. *Nomads of the Present.* London: Hutchinson Radius, 1989.

Miliband, Ralph, and Leo Panitch, eds. *New World Order? Socialist Register 1992.* London: Merlin Press, 1992.

Miller, Daniel. "A Theory of Christmas." pp. 3-37 in *Unwrapping Christmas,* edited by D. Miller: Oxford: Oxford University Press, 1993.

_____, ed. *Worlds Apart: Modernity through the Prism of the Local.* London: Routledge, 1995.

_____. "Introduction: Anthropology, Modernity and Consumption." pp. 1-22 in *Worlds Apart,* edited by Miller, 1995.

_____. *Capitalism: An Ethnographic Approach.* Oxford: Berg, 1997.

Milner, Helen. "International Political Economy: Beyond Hegemonic Stability." *Foreign Policy* 110 (1998): 112-23.

Moinyhan, Daniel P. *Pandemonium.* New York: Random House, 1992.

Moore, M., and A. Buchanan, eds. *States, Nations and Borders: The Ethics of Making Boundaries.* Cambridge: Cambridge University Press, 2003.

Morley, David. "Postmodernism: The Highest Stage of Cultural Imperialism?" pp. 133-57 in *Altered States: Postmodernism, Politics, Culture,* edited by M. Perryman. London: Lawrence and Wishart, 1994.

Morrison, A J., D. A. Ricks, and K. Roth. "Globalization versus Regionalization: Which Way for the Multinational?" *Organizational Dynamics* (Winter 1991): 17-29.

Morse, E. L. *Modernization and the Transformation of International Relations.* New York: Free Press, 1976.

Nandy, Ashis. *The Intimate Enemy: Loss and Recovery of Self under Colonialism.* New Delhi: Oxford University Press, 1983.

Nederveen Pieterse, Jan P. "A Critique of World-System Theory." *International Sociology* 3, no. 3 (1987): 251-66.

_____. *Empire and Emancipation: Power and Liberation on a World Scale.* New York: Praeger, 1989.

_____. "Unpacking the West: How European Is Europe?" pp. 129-49 in *Racism, Modernity, Identity,* edited by A. Rattansi and S. Westwood. Cambridge: Polity Press, 1994.

_____. "Globalization As Hybridization." pp. 45-68 in *Global Modernities,* edited by Featherstone et al., 1995.

_____. "Deconstructing/Reconstructing Ethnicity." *Nations and Nationalism* 3, no. 3 (1997a): 1-31.

_____. "Globalization and Emancipation: From Local Empowerment to Global Reform." *New Political Economy* 2, no. 1 (1997b): 79-92.

_____. "Hybrid Modernities: Mélange Modernities in Asia." *Sociological Analysis* 1, no. 3 (1998a): 75-86.

_____. "Sociology of Humanitarian Intervention: Bosnia, Rwanda and Somalia Compared." pp. 230-65 in *Humanitarian Intervention and Beyond: World Orders in the Making,* edited by J. Nederveen Pieterse. London: Macmillan, 1998b.

_____, ed. *Global Futures: Shaping Globalization.* London: Zed, 2000.

_____. "The Case of Multiculturalism: Kaleidoscopic and long-Term Views." *Social Identities* 7, no. 3 (2001a): 393-407.

______. "Collective Action and Globalization." pp. 21-40 in *Globalization and Social Movements,* edited by P. Hamel, H. Lustiger-Thaler, J. Nederveen Pieterse, and S. Roseneil. London: Palgrave, 2001b.

______. *Development Theory: Deconstructions/Reconstructions.* London: Sage, 2001c.

______. "Fault lines of Transnationalism: Borders Matter." *Bulletin of the Royal Institute of Inter-faith Studies* 4, no. 2 (2002a).

______. "Global Inequality: Bringing Politics Back In." *Third World Quarterly* 23, no. 6 (2002b): 1023-46.

______. "Globalization, Kitsch and Conflict: Technologies of Work, War and Politics." *Review of International Political Economy* 9, no. 1 (2002c): 1-36.

______. "Capitalisms, Modernities: Asian-European Dialogue after Enron." *Asian Journal of Social Science,* 2003a.

______. "Hyperpower Exceptionalism: Globalization the American Way." *New Political Economy,* 2003b.

______. "Social Capital and Migration: Beyond Ethnic Economies." *Ethnicities* 3, no. 1 (2003c): 5-34.

Nederveen Pieterse, Jan, and Bhikhu Parekh, eds. *The Decolonization of Imagination.* London: Zed, 1995.

Nelson, Benjamin. *On the Roads to Modernity,* edited by T. E. Huff. Totowa, NJ: Rowman & Littlefield, 1981.

Neville-Sington, P., and D. Sington. *Paradise Dreamed.* London: Bloomsbury, 1993.

O'Brien, Robert, A. M. Goetz, J. A. Scholte, and M. Williams. *Contesting Global Governance: Multilateral Economic Institutions and Global Social Movements.* Cambridge: Cambridge University Press, 2000.

Ohmae, Kenichi. *The Borderless World: Power and Strategy in the Global Marketplace.* London: HarperCollins, 1992.

______. *The End of the Nation State: The Rise of Regional Economies.* New

York: Free Press, 1995.

Oliver, A., and K. Montgomery. "Creating a Hybrid Organizational Form from Parental Blueprints: The Emergence and Evolution of Knowledge Firms." *Human Relations* 53, no. 1 (2000).

Oman, Charles. *Globalisation and Regionalisation: The Challenge for Developing Countries.* Paris: OECD, 1994.

Ortiz, Renato. "From Incomplete Modernity to World Modernity." *Daedalus* 129, no. 1 (2000): 249-59.

Overholser, Greta. "Look at Tiger Woods and See the Face of America's Future." *International Herald Tribune*, 22 June 2000, p. 9.

Oza, Rupa. "Showcasing India: Gender, Geography and Globalization." *Signs* 26, no. 4 (2001): 1067-95.

Palan, Ronen, ed. *Global Political Economy: Contemporary Theories.* London: Roudedge, 2000.

Papastergiadis, Nikos. "Tracing Hybridity in Theory." pp. 257-81 in *Debating Cultural Hybridity,* edited by Werbner and Modood, 1997.

Parekh, Bhikhu. "Being British." *Government and Opposition* 37, no. 3 (2002): 301-15.

______. "The Cultural Particularity of liberal Democracy." pp. 156-75 in *Prospects for Democracy*, edited by Held, 1992.

Park, Sung-Jo, ed. *The 21st Century—The Asian Century?* Berlin: EXpress Edition, 1985.

Parry, Benita. "Problems in Current Theories of Colonial Discourse." *Oxford Literary Review* 9 (1987).

Paz, Octavia. *The Labyrinth of Solitude.* London: Allen Lane, 1967.

Peters Talbott, Shannon. "Analysis of Corporate Culture in the Global Marketplace: Case Study of McDonald's in Moscow." Paper presented at International Institute of Sociology Conference, Trieste, 1995.

Phillips, Mike. *London Crossings: A Biography of Black Britain.* London:

Continuum, 2001.

Pogge, Thomas. *World Poverty and Human Rights.* Oxford: Blackwell, 2002.

Popper, Karl R. *The Open Society and Its Enemies.* 2 vols. Rev. ed. London: Routledge and Kegan Paul, 1966. (칼 포퍼, 《열린사회와 그 적들 2》, 민음사, 1989.)

Portes, Alejandro, ed. *The Economic Sociology of Immigration.* New York: Russell Sage Foundation, 1995.

Pour Rushdie. Paris: ed. La Découverte/Carrefour des Littératures/Colibri, 1993.

Pratt, Mary Louise. "Where To? What Next?" pp. 430-36 in *Cultures of Politics, Politics of Cultures: Re-visioning Latin American Social Movements,* edited by S. E. Alvarez, E. Dagnino, and A. Escobar. Boulder, CO: Westview Press, 1998.

Prazniak, Roxann. "Is World History Possible? An Inquiry." pp. 221-39 in *History after the Three Worlds,* edited by Dirlik, Bahl, and Gran, 2000.

Pred, Alan, and Michael J. Watts. *Reworking Modernity: Capitalisms and Symbolic Discontent.* New Brunswick, NJ: Rutgers University Press, 1992.

Radhakrishnan, R. *Diasporic Mediations.* Minneapolis: University of Minnesota Press, 1996.

Rashid, Salim, ed. *"The Clash of Civilizations?" Asian Responses.* Karachi: Oxford University Press, 1997.

Räthzel, Nora. "Hybridität Ist Die Antwort, Aber Was War Noch Mal Die Frage?" pp. 204-19 in *Gegen-Rassismen,* edited by Kossek, 1999.

Ratnam, Niru. "Chris Ofili and the Limits of Hybridity." *New Left Review* 224 (1999): 153-59.

Richards, Paul. "Agrarian Creolization: The Ethnobiology, History, Culture and Politics of West African Rice." pp. 291-318 in *Redefining Nature: Ecology, Culture and Domestication,* edited by R. Ellen and K. Fukui. Oxford: Berg, 1996.

Ritzer, George. *The McDonaldization of Society.* London: Sage, 1993.

_____, ed. *McDonaldization: The Reader.* Thousand Oaks, CA: Pine Forge Press, 2002.
Roberts, B. *Cities of Peasants: The Political Economy of Urbanization in the Third World.* London: Edward Arnold, 1978.
Robertson, Roland, *Globalization: Social Theory and Global Culture.* London: Sage, 1992.
_____. "Glocalization: Space, Time and Social Theory." *Journal of International Communication* 1, no. 1 (1994).
Robison, Richard, and David S. G. Goodman. *The New Rich in Asia.* London: Routledge, 1996.
Rodriquez, Richard. *Brown: The Last Discovery of America.* New York: Viking, 2002.
Rosenau, James N. *Turbulence in World Politics.* Brighton: Harvester, 1990.
Rosenau, James N., and E. O. Czempiel, *Governance without Government.* Cambridge: Cambridge University Press, 1992.
Rowe, William, and Vivian Schelling. *Memory and Modernity: Popular Culture in Latin America.* London: Verso, 1991.
Ruigrok, W. and R. van Tulder, *The Logic of International Restructuring.* London: Routledge, 1995.
Ruijter, Arie de. *Hybridization and Governance.* The Hague: Institute of Social Studies, 1996.
Russell, Bertrand, *Power: A New Social Analysis.* New York: Norton, 1938.
Sachs, Jeffrey. "International Economics: Unlocking the Mysteries of Globalization." *Foreign Policy* 110 (1998): 97-111.
Said, Edward W. *Culture and Imperialism.* New York: Knopf, 1993. (에드워드 사이드, 《문화와 제국주의》, 2005.)
Sardar, Zia, and B. van Loon. *Cultural Studies for Beginners.* Duxford: Icon Books, 1997.
Schech, Susanne, and Jane Haggis. *Culture and Development: A Critical*

Introduction. Oxford: Blackwell, 2000.

Schiller, Herbert I. *Culture Inc.* New York: Oxford University Press, 1989.

Scholte, Jan Aart. *Globalization: A Critical Introduction.* London: Macmillan, 2000.

Shahanan, S. "Different Standards and Standard Differences: Contemporary Citizenship and Immigration Debates." *Theory and Society* 26 (1997): 421-48.

Sharabi, Hisham, *Neopatriarchy: A Theory of Distorted Change in Arab Society.* New York: Oxford University Press, 1988.

Shaw, Martin. "Global Society and Global Responsibility: The Theoretical, Historical and Political Limits of 'International Society,'" *Millennium* 21, no. 3 (1992): 421-34.

Shaw, Timothy. "Ethnicity As the Resilient Paradigm for Africa: From the 1960s to the 1980s." *Development and Change* 17, no. 4 (1986): 587-606.

Shohat, Ella. "Notes on the 'Post-Colonial,'" *Social Text* 31/32, (1992): 99-113.

Shohat, Ella, and Robert Stam. *Unthinking Eurocentrism: Multiculturalism and the Media.* New York: Routledge, 1994.

Siebers, Hans. "Creolization and Modernization at the Periphery: The Case of the Q'Eqchi'es of Guatemala." Catholic University Nijmegen, Ph.D. diss., 1996.

Silva, Neluka, ed. *The Hybrid Island: Culture Crossings and the Invention of Identity in Sri Lanka.* London: Zed, 2002.

Simone, T. Abdou Maliqalim. *In Whose Image: Political Islam and Urban Practices in Sudan.* Chicago: University of Chicago Press, 1994.

Singh, Yogendra. *Essays on Modernization in India.* New Delhi: Manohar, 1989.

Sivanandan, A. "Globalism and the Left." *Race and Class* 40, no. 2/3 (1998): 5-18.

Skolimowski, Henrik. *The Participatory Mind.* London: Penguin/Arkana, 1994.

Smart, Barry, ed. *Resisting McDonaldization.* London: Sage, 1999.

Smith, Anthony D. "Towards a Global Culture?" pp. 171-92 in *Global Culture,* edited by Featherstone, 1990.

Sonoda, S. "Modernization of Asian Countries As a Process of 'Overcoming their Backwardness': the Case of Modernization in China." Paper presented at the Twelfth World Congress of International Sociological Association, Madrid, 1990.

Soros, George, *The Crisis of Global Capitalism.* New York: Public Affairs, 1998.

_____. *On Globalization.* New York: Public Affairs, 2002.

Sowell, Thomas, *Migrations and Culture.* New York: Basic Books, 1996.

Stallings, Barbara, ed. *Global Change, Regional Response: The New International Context of Development.* Cambridge: Cambridge University Press, 1995.

Steger, Manfred B. *Globalism: The New Market Ideology.* Lanham, MD: Rowman & Littlefield, 2002.

_____. *Globalization: A Very Short Introduction.* Oxford: Oxford University Press, 2003.

Storper, Michael. "Lived Effects of the Contemporary Economy: Globalization, Inequality and Consumer Society." pp. 88-124 in *Millennial Capitalism,* edited by Comaroff and Comaroff, 2001.

Strange, Susan. *The Retreat of the State.* Cambridge: Cambridge University Press, 1996.

Sugiyama, Jiro. "From Chang an to Rome: Transformation of Buddhist Culture." pp. 55-60 in *The Significance of the Silk Roads in the History of Human Civilizations.* Osaka: National Museum of Ethnology, 1992.

Sutcliffe, Bob. *100 Ways of Seeing an Unequal World.* London: Zed, 2001.

Taguieff, P-A. *La force du préjugé: Essai sur le racisme et ses doubles.* Paris: 1987.

Tam, Pui-Wing. "Mandarin Pop Swings into U.S." *The Wall Street Journal Europe,* 3 April 2000, p. 31.

Tamayo Lott, J. *Asian Americans: From Racial Category to Multiple Identities.* London: Sage and Altamira Press, 1997.
Taylor, Jean G. *The Social World of Batavia: European and Eurasian Dutch in Asia.* Madison: University of Wisconsin Press, 1983.
Terhal, P. H. J. J. *World Inequality and Evolutionary Convergence.* Delft: Eburon, 1987.
Therborn, Göran. "Routes to/through Modernity." pp. 125-39 in *Global Modernities,* edited by Featherstone et al., 1995.
Thompson, Damian, *The End of Time: Faith and Fear in the Shadow of the Millennium.* London: Sinclair-Stevenson, 1996.
Thompson, Denise P. "Skin Deep: Citizenship, Inclusion and Entitlements for the 'Dark'-Skinned Woman in Jamaica." The Hague: Institute of Social Studies, MA thesis, 1999.
Thompson, Robert Faris. *Flash of the Spirit: African and Afro-American Art and Philosophy.* New York: Vintage, 1984.
Thompson, William R., ed. *Evolutionary Interpretations of World Politics.* New York: Routledge, 2001.
Tiryakian, Edward A. "Modernization: Exhumetur in Pace." *International Sociology* 6, no. 2 (1991): 165-80.
______. "Three Metacultures of Modernity: Christian, Gnostic, Chthonic." *Theory Culture and Society* 13, no. 1 (1996): 99-118.
Tominaga, K. "A Theory of Modernization of Non-Western Societies: Toward a Generalization from Historical Experiences of Japan." Paper presented at the Twelfth World Congress of International Sociological Association, Madrid, 1990.
Tomlinson, John. *Cultural Imperialism.* Baltimore, MD: Johns Hopkins University Press, 1991.
______. *Globalization and Culture.* Chicago: University of Chicago Press, 1999.
Torpey, John. *The Invention of the Passport: Surveillance, Citizenship and the*

State. Cambridge: Cambridge University Press, 2000.

Toulmin, Stephen. "The Ambiguities of Globalization." *Futures* 31, nos. 9/10 (1999): 905-12.

UNDP. *Human Development Report 1999.* New York: Oxford University Press, 1999.

Uzzi, Brian. "The Sources and Consequences of Embeddedness for the Economic Performance of Organizations: The Network Effect." *American Sociological Review* 61 (August 1996): 674-98.

Van Hear, Nicholas. *New Diasporas.* Seattle: University of Washington Press, 1998.

Vargas, Virginia. "The Feminist Movement in Latin America: Between Hope and Disenchantment." pp. 195-214 in *Emancipations, Modern and Postmodern,* edited by J. Nederveen Pieterse. London: Sage, 1992.

Vasconcelos, José, *La Raza Cosmica.* Mexico: Espasa-Calpe Mexicana, 1948 〔with Didiet Tisde Jaen, *The Cosmic Race.* Baltimore, MD: Johns Hopkins University Press, English trans., 1997〕.

Vebhiu, Ardian. "Albanian Migration and Media." Amsterdam, unpublished paper, 1999.

Wachtel, Howard M. *The Money Mandarins: The Making of a Supranational Economic Order.* Armonk, NY: M. E. Sharpe, 1990.

Wallerstein, Immanuel M. *Geopolitics and Geoculture.* Cambridge: Cambridge University Press, 1991.

Warde, A. "Eating Globally: Cultural Flows and the Spread of Ethnic Restaurants." pp. 299-316 in *The Ends of Globalization: Bringing Society Back In,* edited by D. Kalb, M. Van Der Land, R. Staring, B. Van Steenbergen, and N. Wilterdink. Lanham, MD: Rowman & Littlefield, 2000.

Waters, Malcolm. *Globalization.* London: Routledge, 1995.

Watson, James L. *Golden Arches East: McDonald's in East Asia.* Stanford, CA: Stanford University Press, 1997.

Wee, C. W.-L. "Framing the 'New' East Asia: Anti-imperialist Discourse and Global Capitalism." pp. 75-97 in *"The Clash of Civilizations?"* edited by Rashid, 1997.

Weiss, Linda. *The Myth of the Powerless State.* Ithaca, NY: Cornell University Press, 1998.

Werbner, Pnina. "Introduction: The Dialectics of Cultural Hybridity." pp. 1-26 in *Debating Cultural Hybridity,* edited by Werbner and Modood, 1997.

Werbner, Pnina, and Tariq Modood, eds. *Debating Cultural Hybridity.* London: Zed, 1997.

Whatmore, Sarah. *Hybrid Geographies: Natures, Cultures, Spaces.* London: Sage, 2002.

Whitten, Jr., N. E., and A. Torres. "Blackness in the Americas." *Report on the Americas* 25, no. 4 (1992): 16-22.

Williams, P., and D. Vlassis. *Migrations and Transnational Organized Crime.* London: Sage, 1997.

Willis, David Blake. "Creole Times: Notes on Understanding Creolization for Transnational Japan-America." pp. 3-40 in *The Age of Creolization in the Pacific*, edited by Matsuda, 2001a.

______. "Pacific Creoles: The Power of Hybridity in Japanese-American Relations." pp. 169-214 in *The Age of Creolization in the Pacific,* edited by Matsuda, 2001b.

Wilson, Fiona. "Indians and *Mestizos*: Identity and Urban Popular Culture in Andean Peru." *Journal of Southern African Studies* 26, no. 2 (2000): 239-53.

Wilson, Rob, and Wimal Dissanayake, eds. *Global/Local: Cultural Production and the Transnational Imaginary.* Durham, NC: Duke University Press, 1996.

Wittkower, Rudolf, *The Impact of Non-European Civilizations on the Art of the West,* edited by D. M. Reynolds, Cambridge: Cambridge University Press, 1989.

Woods, Ngaire, ed. *The Political Economy of Globalization.* New York: St

Martin's Press, 2000.
World Commission on Culture and Development, Report of the. *Our Creative Diversity.* Paris: UNESCO Publishing, 1996.
Yang, Jeff, Dina Gan, Terry Hong, and staff of A. Magazine. *Eastern Standard Time: A Guide to Asian Influence on American Culture.* Boston: Houghton Mifflin, 1997.
Yoo, Jin-Kyung, *Korean Immigrant Entrepreneurs: Network and Ethnic Resources.* New York: Garland Publishers, 1998.
Yoshino, Kosaku. *Cultural Nationalism in Contemporary Japan.* London: Routledge, 1995.
Young, Iris Marion. *Justice and the Politics of Difference.* Princeton, NJ: Princeton University Press, 1990.
Young, Robert C. *Colonial Desire: Hybridity in Theory, Culture, and Race.* London: Routledge, 1995.
Zachary, G. P. *The Global Me.* New York: Barnes and Noble, 2000.
Zizek, Slavoj. "Multiculturalism or the Cultural Logic of Multinational Capitalism." *New Left Review* 225 (1997).

옮긴이의 글

얀 네데르베인 피테르서의 《지구화와 문화》는 영미권의 세계화와 문화 상호 관계 연구에서 한동안 안내서 역할을 했으며, 현재도 마찬가지다. 그 이유는 다루는 내용이 한 개인의 글이라고 믿기 어려울 만큼 포괄적이고 다양해서다. 특히 지구화 현상의 통시적 관통은 이 책이 단순한 현학적 설파에 그치지 않음을 일깨운다. 피테르서는 이 같은 시각과 내용을 갖추기 위해 다른 많은 문화인류학자들과 마찬가지로 전 세계를 유랑하는 지적 유목인의 삶을 살았다.

지구화(세계화) 논의는 다양한 학문에서 진척시켜왔고, 문화인류학 역시 19세기 말 학문으로 정착된 이후 이 문제를 나름의 시각과 방법론으로 고민해왔다. 연구가 심화하고 다양화하면서 지금은 그 무엇을 그 학문의 전형이라고 규정하는 것이 불가능한 시대가 되었다. 그러나 《지구화와 문화》는 상당히 문화인류학적 문제의식과 방법론을 기반으로 하고 있어서 이 학문에 익숙하지 않은 독자에게 문화인류학과 지구화 그리고 문화에 대해 개론적으로 이해할 기회를 제공한다.

문화인류학자는 미래의 문화 양상들을 정확히 예측할 능력은 없지만, 다른 분과학문에 비해 특정한 문화적 패턴이나 트렌드를 분석하고 드러내는 데 더 많은 관심을 갖고 있다. 또한 이런 패턴이나 트렌드가 지속할 경우 어떤 결과들이 나타날지에 대해 또 다른 감수성 차원에서 예측한다. 더 나아가 인류학자는 문화적 모습 및 구조들과 서로 어떻게 상호 연결되어 있는지를 보여줌으로써 이미 알고 있는 문제들의 또 다른 결을 보여주는데, 이것이 다른 분과학문과 변별되는 지점이다. 비교론적 시각을 기반으로 넓은 맥락에서 파악하고, 이를 문화적 사실과 기저에 있는 구조들의 상호 관계를 이해하려는 노력에서 이런 변별성이 나오는데, 피테르서의 《지구화와 문화》는 이 같은 점을 잘 보여준다. 독자로서는 이와 같은 접근법과 방법론이 늘 반가운 것은 아니다. 한 개인이 이해하기에는 너무나 많은 사례와 개념 그리고 용어들이 등장해 넘어설 수 없는 벽으로 보이기 때문이다. 그래서 독자들이 책을 읽으며 무력감을 느낄 수 있지만, 대부분의 문화인류학자 역시 연구 과정에서 이 같은 한계에 부딪히고는 한다. 그러나 수많은 개념과 사례는 대부분 아직 해석이 분분하므로 너무 지엽적인 부분에 얽매이지 말고 필요한 부분을 읽어나갈 것을 권한다. 이 책의 한 특징은 많은 문화인류학자가 능력의 한계 또는 지나친 일반화의 오류에 대한 공포심 때문에 대체로 시도하지 않는 다양한 사례를 패턴화해 도식으로 제시하는 것인데, 이런 과감한 시도는 개론서여서 가능한 듯하다. 독자가 이를 비판적으로 수용한다면 지구화와 문화에 대해 의미 있는 지식을 얻을 것이다.

피테르서는 문화인류학을 기반으로 지구화에 대한 주된 논의와 시각을 통해 이 책이 가진 고유함과 장점 그리고 한계를 간접적으로 소개한다. 먼저 문화인류학은 지금 세상에서 무엇이 문화적 트렌드인가라는 문제에 관심을 갖는데, 그 답은 지구화다. 문화인류학은 강력한 서구 사회의 문화적 실천과 아이디어, 기술 그리고 상품들이 전 세계적으로 유통되고 전유되는 현상으로 지구화를 바라본다. 일반적으로 이런 지구화 현상은 문화적 동질화를 강하게 추동하지만, 한편으로는 전 세계의 다양한 종족과 종교 집단들이 자신의 변별적인 문화적 정체성을 강화하고 고유한 역사적 전통을 강하게 주장하게 만든다. 문화인류학이 지구화와 더불어 관심을 갖는 또 다른 트렌드는 인구 증가다. 이는 에너지 소비의 폭발적 증가로 나타나며, 다시 천연자원과 환경의 황폐화로 이어진다.

또한 문화인류학은 지속 가능한 미래를 위해 인류가 지구화 문제를 어떻게 해결해야 하는지 제3세계 사람들의 입장에서 연구한다. 인구 이동, 불평등한 부의 분배, 고갈되는 천연자원, 환경 파괴, 점점 강력한 힘으로 등장하고 있는 다양한 기술 그리고 인구 증가 등은 문화인류학의 주된 연구 대상인 제3세계 사람들을 더욱 힘들게 하고 있다. 이에 대한 창의적이고 효과적이며 책임 있는 해결책을 찾는 일은 인류에게 주어진 쉽지 않은 과제다. 많은 사람은 하나의 문제만을 이해하는 데도 어려움을 겪고 있는데, 현재 우리가 직면한 모든 문제는 상호 연결되어 있어서 이해하기도 어렵고, 만족할 만한 해결책을 찾는 일은 더더욱 힘들다. 문화인류학은 지구적 문화 체계의 등장과 이것이 현지 커뮤니티에 끼치는 극단적 충격에 대해 비판적 태도를 보이면서 현실적 이해를 도와주는 역할을 하고 있다. 문화를 횡단하고, 역사 자료를 토대로 한 시각과 분석은 이런 문제의 이해와 해결에 핵심적일 뿐만 아니라 모든 인류가 인간답게 살 권리를 평등하고 확실하게 누릴 토대가 될 수 있다.

피테르서의 접근 방법과 시각 그리고 내용은 문화인류학 연구의 전형성을 보여주는 한편, 이런 맥락에서 적지 않은 어긋남도 보여준다. 특히 문화인류학은 심층 기술(deep description)을 장점으로 하는데, 이 책에서는 패턴들을 자세히 소개하는 반면에 심층 기술은 미흡하다. 아마도 지구화와 문화에 대한 전체적인 모습과 양상을 보여주는 것이 이 책의 저술 동기이기 때문일 것이다. 이 책이 가진 장점을 중심으로 지구화와 문화의 패턴화한 상관관계를 파악한 뒤 본문에서 제시한 참고문헌들을 통해 지식을 확장한다면 더 폭넓은 이해에 도달할 수 있을 것이다. 하지만 무엇보다도 이 책에서 이야기하는 다양한 사례의 복잡성을 접하고 혼란에 빠지는 것만으로도 지구화에 대한 우리의 인식은 한 단계 더 도약할 것이다.

2017년 4월

조관연

찾아보기

*쪽수 옆 괄호 안의 숫자는 주 번호이다.

간문화주의 117
갈색화 175
개발도상국 25, 49
경계 15
  -과 권력 187
  사회과학에서 - 168
  소비 패턴의 - 179
  -의 역사 168
  -의 우연성 177
  -의 의미 176~177
  -의 정치학 139
  횡단 134
경계 페티시즘 15, 139, 142, 148, 166
  -과 종족성 148
  사회과학에서 - 159
계몽주의 47, 49, 69
고비노, 콩트 드 86, 151
국경지 109, 185
국경 지대 109, 134, 185
국경 횡단 177, 179
국민국가 21~22, 24, 57~58, 64~65, 134
  격자로서 - 57
  국민됨 187
  민족 청소 55
권력 102, 155, 182
  -과 혼종성 117~118, 121, 147, 174
  문화적 꿈으로서 - 187
귀족 128, 151~152, 155
그리핀, 키스 57
근대화 80, 181
  -의 역사성 104
  - 이론 101
  혼종화로서 - 173

글로벌 개혁 53
글로벌 로컬라이제이션 82, 87
글로벌리즘 28, 99
비판적 - 190(6)
글로벌 문화 111
글로벌 시민사회 124
글로컬라이제이션 82, 106
기든스, 앤서니 43, 101~102
기술 30, 41~42, 88~89, 98, 186
군사 - 44
신(새로운)- 142~143
- 확산 162

나이폴, V. S. 120~121
네그리튀드 172
노마디즘 157

다문화주의 54~65, 117, 131, 173
신자유주의적 - 147
아류 139, 142
-와 경제발전 58~63
-와 하이브리드들 138
-의 다양성 174~175
일상 141
- 정치학 91
다원 사회 92, 131
대영제국 32, 73, 112
대중문화, 미국 89
동양화 115
→ 지구화(동방화로서 -) 참조
디아스포라 13, 55~56, 60~61, 65, 105, 134, 142, 148, 161
-와 글로벌 문화 134~135
중국 - 14

라틴아메리카 95, 164, 173
혼합 시대 110, 171
로드리게스, 리처드 184, 186
로버트슨, 롤런드 9, 30, 32, 101~102, 106
루시디, 살만 121

마르크스, 카를 80~81, 102, 182
마르크스주의 39, 100, 108~109, 192(8)
-와 문화 연구 160
편협한 - 160
말린체 콤플렉스 171
매시, 도린 129~130
매체(미디어) 9, 30~32, 44~45, 52, 80, 88~89, 170
맥닐, 윌리엄 42
맥도널드화 14, 30, 68, 79~85, 90, 98
동아시아에서 - 82~83
모스크바에서 - 81~82

저항 84
혼종화로서 - 84
메스티사헤 87, 115
라틴아메리카에서 - 115, 153
메티사지 90, 114
멘델 유전학 117, 151
멜루치, 알베르토 126
모더니즘 69, 151, 157
모더니티(근대성) 10, 14, 30~31, 42~43, 67, 87, 132, 156
근대성의 재정비 173
- 사회학 183
-와 지구화 99~104, 181
- 인류학 183
무에타이 113, 176
무역로 57
문명의 충돌 14, 68~79, 90~91, 131, 181
문화 9~10
개념 14~15, 76, 128~133, 187
국제 관계에서 - 71~72
당구공 모델 75
소프트웨어로서 - 129, 187
언어와 문법으로서 - 88~90
영토적 - 90, 129~132
-와 갈등 74
-와 개발 77
-의 탈영토화 132~133
정의 74~75
초국가적 - 74
크레올 - 131
트랜스로컬 - 90, 129
문화 간 교역 30, 42, 99, 143, 161, 163
문화상대주의 75, 129
문화적 국제주의 49
문화적 수렴 92
동기화 80, 113
동질화 90
표준화 68
문화적 차이 13~14, 67~79
-와 지구화 93~94
-의 미래 91~95
-의 정치(학) 68, 187
-의 패러다임 90~91
므누슈킨, 아리안느 113, 127
미국 72~73, 153, 171
-에서 혼혈인 166~167
2000년 인구조사 138, 154
미국화 80, 94
미인대회 45
민족주의 49, 76, 86~87, 105, 134~135
-와 사회학 134
-와 지구화 110
민주화 24~25
지구화의 - 35

바바, 호미 K.　119, 178
바버, 벤저민　91
바흐친, 미하일　118, 145
반주변　109
발산　90, 92~93
베버, 막스　81, 182
베이트슨, 그레고리　117
변증법　112, 150
보스니아　169~170
보편주의　69, 80, 90, 100
본질주의　123, 135
　-와 혼종성　148, 150
브리콜라주　144, 151, 175, 184
　-로서의 라틴성　172
비균질적 발달　39, 62
비정부기구　134, 179, 183

사이드, 에드워드　121
사이보그　133, 145
사회운동　11, 99
　-과 지구화　35
사회적 자본　59~61, 109
　문화를 횡단하는 -　61
사회학　10
　-과 민족　134
　-과 지구화　30
　글로벌 -　134
　사이-안의 -　136
생산양식　108
　아시아적 생산 방식　182
　-을 가로지르는 혼종성　163
　-의 접합　163
샤르댕, 피에르 테야르 드　50, 81
서구화　14, 100~101, 115
　-와 지구화　111
서벌턴 연구　121
성찰　178
　-과 지구화　112
세계사　71
세계 의식　112
세계 종교　41~42, 69, 90, 112, 162
세계적 뒤범벅　10, 14, 97, 113~116, 127, 132, 184
　불평등　116
　유럽　114
세계체제론　81, 84, 100
소웰, 토머스　58~59
쇼하트, 엘라　117, 121~122
순수성　48, 90, 93, 116~117, 141, 148, 172
　-과 권력　155
　- 교리　86
　기원　152
　인종적 -　86, 114
　전 식민적인 -　119
　제의적 -　92
　파토스　150~151

피의 - 92
신가부장제 116, 173
신분이 낮은 사람과의 결혼 155, 192(14)
신자유주의 11, 20
-와 지구화 33~35
실크로드 57

아시아 72, 77, 79
동아시아 82
융합 77, 94, 143
아시아적 르네상스 115~116
아프리카 25, 48, 51, 56, 61, 70, 83, 94, 106, 164
경제 51~52
기원 162, 192(9)
-와 근대성 172~173
아프리카중심주의 177
안달루시아 47, 185
앤더슨, 월터 트루엣 184
오로빈도, 스리 46, 53
오리엔탈리즘 45, 79, 149
옥시덴탈리즘 79
우즈, 타이거 153, 166~167
워싱턴 컨센서스 32, 35~36
월드 뮤직 114, 131
혼종성 모델 140
월러스틴, 이매뉴얼 32, 74, 102, 182
위계 48~50
위계적 통합 26, 50~51
비대칭적 통합 108
유교 윤리 77~78
유럽 25~26, 34, 44, 48, 70~71, 79, 83, 100, 106, 114, 126~128, 182
유럽연합 22, 24, 63, 106, 125
유럽 중심적 시각(견해) 42~43, 49, 149, 154
유연한 축적 20, 103
유연한 특화 20, 110
유토피아 비전 45, 63
율법 184
융합 176
동서양 77, 94
문화 143
아시아 153, 171, 173
이슬람(교) 46, 70~71, 78, 184
-과 모더니티 143
터키 143
이주 13, 40~41, 54~65, 74, 105, 135
- 관리 62
사회-경제학 54~55
-와 경제성장 57~58
-와 국민국가 54~55, 57~58
인구 이동 41, 44
인류 통합 13, 39~51
인식 137~138
-의 정치학 167
인종 92, 151

-과 제국 150
사고 86, 90
혼합 114~115
인종 청소 90, 169
종족 갈등 73~74
종족 이동 106
종족화 133
종족 횡단 127
일본 34, 87, 155
근대화 103~104
예술 127~128
오키치 172
혼종화 166

자본주의 10, 30, 32, 78~79, 100, 181~183
문화 85
신자유주의 33~35
- 안에서의 차이 78
앵글로색슨 34
적시 생산 방식이 도입된 - 110
종속적 - 108~109
초국가적 - 84
후기자본주의 10, 84, 126
자포니즘 128
장기 지속 13
-과 미래 185
-과 혼종성 146, 160~161
전 지구사 98
→ 세계사도 참조
정신분석학 144, 151
제국 50, 64, 92~94, 119, 125, 150, 163
-과 인종 150
제국주의 34, 43, 93, 102, 111, 124~126, 154, 190(6)
문화- 80, 93, 132
미국 35
새로운 - 32
-와 자본주의 108
-와 지구화 103, 125~126, 190(6)
종속이론 108~109, 116
종족 간 결혼
코소보와 보이보디나에서 - 170
종족 경제 59~60, 65
종족 간의 경제 65
종족성 55, 60, 117, 148, 150
-의 구체화 60
-의 표식 169
중국 48, 72, 93, 182
근대화 104
패스트푸드 83
중도주의(중심주의) 48, 90, 104~105, 168
다중심주의 104
지구성 103
지구적(세계적) 불평등 13, 26~27, 39,

50~51, 53, 116, 136
지구화 12~13, 93~94, 193
가속화된 현재 13, 21, 29, 142
경제적 - 28, 32
관리 35~36
금융 - 19
논란 18~19, 27~37
다차원적 27~29
동방화로서 - 94
미국화로서 - 94
비균질적 26~27, 39~40
사회과학의 분과학문 29~31, 98
성찰 112
시각 31~32
신자유주의 11, 13, 33~35
-와 국가 21~24
-와 기술적 변화 19~21, 33
-와 모더니티(근대성) 10, 97~104, 111
-와 민주주의 126
-와 배제 26, 51
-와 서구화 111
-와 인간의 신체 44~45
-와 자본주의 10, 30, 126
-와 조직 양식 107~110
위계적 통합으로서 - 51
-의 단계 44
-의 시대 구분 31, 102
-의 위험 53
인구학적 - 105
인류 통합 13, 39~51
장기 과정으로서 - 29~30, 37, 41~42
정의 29~31
정치적 프로젝트로서 - 32, 99
지역주의 106~107
합의 18~27, 29
→ 위계적 통합도 참조
지구화와 국가 21~25
지구화와 문화 9, 18, 56~57, 181
지역주의 46
지역화 22, 24, 64, 94
경쟁의 - 24
진보 40, 138

초국가적 커뮤니티 62

케말, 아타튀르크 50
코스모폴리터니즘 48, 156
일상 184
코카콜로니제이션 80, 98
크레올화 87, 95, 132, 145, 153
세계 문화 114
카리브해 175
크로스오버(횡단) 90, 118
문화 113~116

킹, 앤서니 D.　74, 182

탈영토화　178, 186
　가난의 -　53
　문화의 -　132~133
탈지구화　46
톰린슨, 존　102~103, 125, 181
트리니다드　82, 120
트릭스터　179

포괄적 운동　64, 104
포스트모더니즘　178
　팅커벨　160
포스트-혼종성　15, 126, 135
푸코, 미셸　87, 178
프랑크, 안드레 군더　42
프리드먼, 조너선　147~159, 161, 176
프리드먼, 토머스　32~33

하버마스, 위르겐　53, 100
한네르츠, 울프　77, 131, 136
해방　122~123, 150
헌팅턴, 새뮤얼　69~79
헤르더, 요한 고트프리드　76, 152, 157
혼종성　10, 188
　격렬한 반격　142
-과 갈등　185
-과 권력　117~118, 147, 174
-과 민족 정체성　153, 165
-과 본질주의　117, 135, 148
-과 산업화　163~164
-과 생산양식　163
-과 자기 정체화　152~154, 159
-과 장소들　109
-과 조절　164
-과 헤게모니　121, 154~155
교차 범주　118
그래서 어찌할 것인가　175~180
동요　119~121
동화주의적　120
맥락　171
문화적 -　145~146
문화 횡단적 공존 가능성으로서 -　128
비판적 -　180
새로운　140~144
-에 대한 비판　15, 147~149
용어　145, 175~176
월드 뮤직 모델　140, 146, 159
-의 다양성　140~147
-의 문화적 의미　170~171
-의 양식들　133
-의 연속체　120
-의 유형　163~164
-의 이론　116~121

-의 정치(학) 121~126, 180
-의 층위들 15, 161~165
-의 패턴들 15, 175
이주 뒤범벅으로서 - 119
일상적 - 146
장기적 시각 10~11, 146, 160~161
전통적 140~144
혼종적 공동체 165~166
혼종적 도시 164, 192(11)
혼종적 민족 164~165
혼종적 생기 151
혼종적 지역 164
혼종화 14, 69
구조적 - 14, 105~112, 134, 136, 146
기원 145
농업에서 - 87~88
동어반복으로서 - 135
문화적 - 14, 134, 136
사회에서 - 87
생산양식의 - 108
-와 국제 교육 166
-와 지구화 132
유사성으로서 - 127
-의 시간성 135
정의 105
패러다임으로서 - 85~91, 95
→ **메스티사헤, 메티사지, 혼합도 참조**
혼합
가속화된 161
담론으로서 - 144
문화적 170
비균질성 87
스타일 87~88
시간 87
유형 87
의미 87
-의 조건들 121
패턴 87
혼합 시대 110, 170
혼합주의 87, 95, 117~118, 141
신념 119
정의 145
흉내 내기로서 - 118
후기국제주의 정치(학) 25, 28, 107, 124
후쿠야마, 프랜시스 40, 79

9·11 35

〈로컬리티 번역총서〉를 펴내며

로컬리티의인문학 연구단에서 번역총서를 내놓는다. 〈로컬리티 번역총서〉는 고전적·인문학적 사유를 비롯해서, 탈근대와 전지구화의 관점에서 해석되는 로컬리티에 대한 동서양의 다양한 논의를 담고 있다. 로컬리티 연구는 동서양을 막론하고 학문적 교차점, 접점, 소통성을 확보하는 것이 중요한 과제다. 이러한 의미에서 본 연구단에서는 장기적인 계획 아래, 로컬리티 연구와 관련한 중요 저작과 최근의 논의를 담은 동서양의 관련 서적 번역을 기획했다. 이를 통하여 로컬리티와 인문학 연구를 심화하고 동시에 이를 외부에 확산시킴으로써 로컬리티 연구의 저변을 확대하고자 한다.

우리가 로컬리티에 천착하게 된 것은 그동안 국가 중심의 사고 속에 로컬을 주변부로 규정하며 소홀히 여긴 데 대한 반성적 성찰의 요구 때문이기도 하다. 오늘날 로컬은 초국적 자본과 전 지구적 문화의 위세에 짓눌려 제1세계라는 중심에 의해 또다시 소외당하거나 배제됨으로써 고유의 정체성을 잃어가고 있다. 반면에, 전 지구화 시대를 맞아 국가성이 약화되면서 로컬은 또 새롭게 거듭나고 있다. 그동안 국가 중심주의의 그늘에 가려졌던 로컬 고유의 특성을 재발견하고 전 지구화에 능동적으로 대처하는, 이른바 로컬 주체의 형성과 로컬 이니셔티브(local initiative)의 실현을 위해 부단한 노력을 기울이는 모습들이 속속 드러나고 있다.

이제 로컬의 현상들을 파악하기 위해 기존의 지역 논의와 다른 새로운 사고가 절실히 필요하다. 지금까지 지역과 지역성 논의는 장소가 지닌 다양성과 고유성을 기존의 개념적 범주에 맞춤으로써 로컬의 본질을 왜곡하거나 내재된 복합성을 단순화하는 오류를 범했다. 이에 우리는 로컬을 새로운 인식과 공간의 단위로서 재정립해야 할 필요성을 다시 확인하며, 로컬의 역동성과 고유성을 드러내줄 로컬리티 연구를 희망한다.

〈로컬리티 번역총서〉는 현재 공간, 장소, 인간, 로컬 지식, 글로벌, 로컬, 경계, 혼종성, 이동성 등 아젠다와 관련한 주제를 일차적으로 포함했다. 향후 로컬리티 연구가 진행되면서 번역총서의 폭과 깊이는 더욱 넓어지고 깊어질 것이다. 번역이 태생적으로 안고 있는 잡종성이야말로 로컬의 속성과 닮아 있다. 이 잡종성은 이곳과 저곳, 그때와 이때, 나와 너의 목소리가 소통하는 가운데 새로운 생성의 지대를 탄생시킬 것이다.

우리가 번역총서를 기획하면서 염두에 둔 것이 바로 소통과 창생의 지대이다. 우리는 〈로컬리티 번역총서〉가 연구자들에게 로컬리티 연구에 대한 기반을 제공해줌으로써 학제간의 경계를 넘나드는 심화된 통섭적 연구가 이루어지고, 나아가 '로컬리티의인문학(locality and humanities)'의 이념이 널리 확산되기를 바란다.

부산대학교 한국민족문화연구소

(HK)로컬리티의인문학 연구단